EPISTRE.

des Interessés. Dans une prison étrangere aprés le naufrage de tout ce que j'avois au monde qui me pust être enlevé, j'ay trouvé moyen de donner à la direction les premieres nouvelles asseurées du progrés de l'entreprise ; par un zele pour mon païs qui ne sçauroit perir en moy, je suis le premier à informer toute la France de la conduite de cét interest ; & par une devotion ardente qui paroîtra peut-être temeraire presomption, je dedie ma Relation au plus important Ministre de l'Etat & demande à être connu pour celuy qui est passionnement

MONSEIGNEVR,

DE VOTRE GRANDEVR,

Tres-humble
tres-obeïssant &
tres-fidele serviteur.
V. SOVCHV DE RENEFORT.

TABLE DES CHAPITRES CONTENVS EN CE VOYAGE.

LIVRE PREMIER.

Chap. I. *Départ de France & route jusques au Cap-Verd,* pag. 1

II. *Arrivée au Cap-Verd,* 15

III. *Départ de la Rade de Rufisc au Cap-Verd,* 42

IV. *Prise de possession de l'Isle de Madagascar au nom du Roy pour la Compagnie des Indes Orientales,* 57

V. *Scituation de l'Isle de Madagascar. Abord, scituation & description du Fort Dauphin,* 69

VI. *Etat des François dans l'Isle de Madagascar à nôtre arrivée,* 76

ã iij

RELATION
du premier Voyage
DE LA COMPAGNIE
DES INDES ORIENTALES
EN L'ISLE
DE MADAGASCAR
OV
DAVPHINE.

Par M'. SOVCHV DE RENEFORT,
Secretaire de l'Etat de la France Orientale.

A PARIS,
Chez PIERRE AVBOÜIN, Cour du Palais,
proche l'Hostel de Mr le premier President.

M. DC. LXVIII.
AVEC PRIVILEGE DV ROY.

A MONSEIGNEVR COLBERT.

ONSEIGNEVR,

Ie me suis offert le premier à servir hors de France dans l'affaire des Indes Orientales qui fut projetée en l'année mille six cens soixante quatre. I'ay pris possession de l'Isle de Madagascar au nom du Roy pour la Compagnie

ã ij

LIVRE SECOND.

CHAP. I. *Gouvernement de la Compagnie des Indes Orientales dans l'Isle de Madagascar: Et Relation de tout ce qui s'est passé jusques au départ du premier Vaisseau retournant en France,* pag. 133

II. *Description de l'Isle de Madagascar & des mœurs des habitans,* 254

III. *Retour en France.* 269

IV. *Arrivée dans l'Isle sainte Helene, sa description & ses Habitans,* 273

V. *Arrivée dans l'Isle de l'Ascension, sa description & continuation de route,* 284

VI. *Combat contre les Anglois & enfoncement de nôtre Vaisseau,* 299

VII. *Ma prison sur l'Isle de Wight,* 314

VIII. *Mon échange, mon sejour à Londres & mon abord à Calais,* 334

ERRATA.

PAge 15. ligne 3. a demy lieuë, *lisés* de demy lieuë, p. 26. l. 13. la bonne chere, *l.* sa bonne chere, p. 47. l. 19. ce que cherchions, *l.* ce que nous cherchions, p. 55. l. 5. voiles deferrées, *l.* deferlées, p. 65. l. 21. compagnons, *l.* compagnon, p. 69. l. 15. 1492. *l.* 1497. p. 70. l. 5. quatre-vingt trois, *l.* quatre-vingt un, p. 82. l. 5. 22. degrés 15. minutes *l.* 24. degrés 45. minutes, p. 102. l. 11. un des quatre, *l.* un de quatre, p. 115. l. 6. se vanteroient *l.* se vantoient, p. 159. l. 25. 24. degrés, *l.* 25. p. 190. l. 8. Fort, *l.* Port, p. 240. l. 6. deux mille, *l.* douze cens, p. 243. l. 23. vivre *l.* vivres, p. 250. l. 6. fit, *l.* fut, p. 269. l. 16. & répondre ostés a, p. 269. l. 22. sa force, *l.* la force, p. 285. l. 7. sous en fregates, *l.* sous & fregates, p. 298. l. 2. trouverent, *l.* tournerent, p. 304. l. 8. balle portée, *l.* belle portée, p. 324. l. 24. fait mon, *l.* fait moins mon.

Extraict du Privilege du Roy.

PAr grace & Privilége du Roy donné à S. Germain en Laye, le 16. May 1668. signé LEGER, il est permis à François Clousier, Iean Latourette & Pierre Auboüin, Marchands Libraires à Paris, d'imprimer *la Relation du premier Voyage de la Compagnie des Indes Orientales en l'Isle de Madagascar ou Dauphine*, pendant le temps & espace de sept années, à compter du jour qu'elle sera achevée d'imprimer : Et deffenses sont faites à toutes personnes de quelque qualité & condition qu'elles soient, d'imprimer ou faire imprimer ladite Relation, sans le consentement desdits Exposans, sur les peines portées audit Privilege.

Registré sur le Livre de la Communauté des Marchands Libraires & Imprimeurs le 18. *Iuin* 1668. A. SOVBRON, *Sindic.*

Achevé d'imprimer pour la premiere fois le 20. Iuin 1668.

Les Exemplaires ont été fournis.

RELA-

RELATION
DV PREMIER VOYAGE
DE LA COMPAGNIE
DES INDES
ORIENTALES
EN L'ISLE
DE MADAGASCAR
OV DAVPHINE.
LIVRE PREMIER.

Chapitre Premier.
Départ de France & route jusques au Cap-Verd.

LE 7. jour de Mars de l'année 1665. quatre Vaisseaux nommés saint Paul, Taureau, Vierge de bon Port, & Aigle

VOYAGE

Blanc, portans cinq cens vingt hommes, équippés moitié en guerre, moitié en marchandise & fretés pour l'Isle de Madagascar: au signal que fit l'Admiral de cette petite Flotte, leverent leurs ancres de la rade sous le Chasteau de Brest, & aprés les coups de canon d'adieu, furent soufflez en pleine mer de vét Nord Est. Ils voguerent de compagnie, les six premiers jours, pendant lesquels nous passâmes à gauche de nous, les hauteurs des Provinces, des Royaumes de France, d'Espagne & de Portugal, qui sont depuis Brest à quarante huit degrés quarante cinq minutes, jusques à trente sept degrés de latitude Septemtrionale, ayans doublé le Cap de Fine-Terre, par estime à soixante quinze lieuës vers l'eau.

Quelques Navires parurent à tribord & à basbord de nostre route ; mais ils se contenterent de nous appercevoir sans nous recon-

DE MADAGASCAR.

noître. La guerre declarée entre l'Angleterre & la Hollande, fit apprehender aux Hollandois que nous ne fussions Anglois, & aux Anglois que nous ne fussions leurs Ennemis; ces deux Nations travailloient encore à l'armement de leurs Vaisseaux, dans les Ports, & n'étoient pas assés preparées pour s'entrechercher. Les Portugais & les Espagnols étoient en semblable embarras, & les Corsaires n'oserent nous voir de prés. La France n'ayant point de guerre ouverte en ce temps-là, nous ne devions rien forcer, & nous laissions tout le reste de la mer libre à ceux qui vouloient éviter noftre abord.

La nuit du 12 au 13. jour de Mars, le vent violent & les vagues emeuës separerent l'Admiral des trois autres Vaisseaux.

Le 13. au matin dans l'Admiral nous fismes petites voiles, attendans ceux que nous jugions être demeurés derriere : à onze heures nous les découvrimes à veuë, nous mismes à la Cape, & ils passerent à cinq heures aprés midy à la poupe de l'Admiral. Le plus petit de ces trois bastimens avoit été en risque jusques à demander secours par des feux extraordinaires, que le Capitaine fit mettre à la prouë & la hune du grand mas : mais les deux autres assés empeschés à se bien tenir, eurent, comme luy, besoin du jour qui vint avec le beau temps, & les fit s'entrevoir éloignés d'une portée de canon seulement.

Ce jour finissant nous apperceusmes assés prest de nous pour distinguer qu'il ne flottoit point, l'esperon d'un Navire qui sembloit n'avoir pas assés trouvé d'eau pour s'abismer tout entier ; nous ne doutasmes point qu'il n'y eut une basse en dét endroit, & en passasmes la hauteur dans un silence qui ne peut être bien exprimé que par des presens

DE MADAGASCAR.

ces aussi interdites qu'étoient les nôtres. Ce qui avoit fait nôtre étonnement fit ensuite nôtre entretien, & comme nous avions vogué plus attentifs à nos affaires propres, qu'avisés pour la seureté de ceux qui feroient cette route aprés nous; nous ne songeasmes à sonder qu'étans déja bien éloignés, & le plomb que nous jettasmes au bout de deux cens brasses de corde, ne rencontra point de fond.

Les 14. 15. & 16. jours le vent nous favorisa & nous fit doubler le Cap saint Vincent, Cadis, le détroit de Gilbratar, Tanger & la côte de Barbarie.

Le 17. à midy le calme nous prit.

Le 18. le calme continuant, le Capitaine du Vaisseau la Vierge de bon-port, fit mettre une Chaloupe en mer, & luy & le premier passager dans son bord, vinrent rendre visite en l'Admiral, où étoient les principaux pour le Conseil qui devoit être étably à Madagascar: aussi bien que pour la Navigation. Je pris la commodité de cét esquif pour me faire porter au Taureau, où nous allasmes ensemble ces deux Officiers & moy; celuy de nos Matelots qui ramoit devant, voyant une Tortuë endormie sur l'eau, l'ordre fut aussi-tôt donné de nager avec le moins de bruit qu'il se pourroit; nous l'approchasmes, elle fut enlevée par deux Mariniers qui se plièrent sur le bord, retournée dans la Chaloupe & le premier poisson pris de nôtre Voyage, nous en fismes regal au Capitaine du Navire où nous arrivasmes, au Superieur de quatre Missionnaires de la maison saint Lazare qui passoient dans nos bastimens, au Juge civil pour Madagascar & à d'autres Officiers passagers & du Vaisseau. Nous descendismes ensuite en Chaloupe, sans qu'en tout ce qui se fit pendant ce jour, il fust oublié aucune des ceremonies qui s'observent ordinairement, quand les Capitaines de l'armée navale s'entre-visitent, & le canon tonna autant que les santés le meriterent. Je fus contraint de ceder à l'amitié que me témoignoient les deux Officiers avec qui je revenois, & de leur tenir quelques jours compagnie dans la Vierge de bon port.

Le soir le vent se leva assez mediocre & souffla de mesme pendant deux heures, à dix heures il devint plus fort & la nuit il fut violent.

Le 19. il continua, & le broüillard racourcissant nôtre veuë: nous n'eusmes point connoissance de l'Isle de Madere, que nous crusmes doubler & laisser à cinq lieuës à l'Est de nous.

Le 21. à midy l'Isle de Palme se découvrit à Jacques le Quesne Pilote qui nous la fit enfin remarquer, aprés avoir tiré des conjectures, sur

A iiij

vingt pointes de nuages qui nous parurent pendant une heure, autant terre que ce qu'il nous montra : nous la costoyasmes & laissames à l'Est de nous, à deux lieuës d'éloignement.

Le 22. nous vismes l'Isle de Fer que nous passames à semblable distance, nos Vaisseaux à l'Oüest de toutes les Isles fortunées ou Canaries. Quelques-uns crurent appercevoir le Picq de Teneriffe & l'Isle de la Gomire : mais je pris ce qu'ils en dirent, plutost pour l'effet de la memoire, de la scituation de ces terres, qu'ils avoient remarquée sur la Carte, que pour celuy de leur bonne veuë.

Le 24. nous passames sous le Tropique de Cancer.

Le 26. nous eusmes connoissance du Cap blanc.

Le 28. nous approchasmes la côte d'Afrique, & joüismes distinctement pendant six heures, de la

DE MADAGASCAR.

veuë des arbres qui la bordent. Le soir, le feu de l'Admiral nous fit reprendre le large ; n'estant pas seur de nous tenir si proches de la terre, contre laquelle nous eussions couru risque d'être brisés, par un de ces coups de vent que les Mariniers appellent Dragons, qui ne peuvent être apperceus venir, & ainsi parés si juste de nuit que de jour.

Le 29. avec la terre qui nous reparut ; nous vismes aussi un grand Vaisseau & deux Barques, celuy-là sans voiles déployées & les autres à la voile ; nous nous preparasmes au combat s'il en falloit rendre, ce qui ne tomboit guere dans l'apparence; car outre que nous étions vray-semblablement plus forts que ce qui nous paroissoit, & qu'il nous étoit deffendu d'attaquer : l'état où nous avions quitté la France, ne nous laissoit pour ennemis que les Corsaires de Barbarie, qui courent rarement jusques à ces hauteurs;

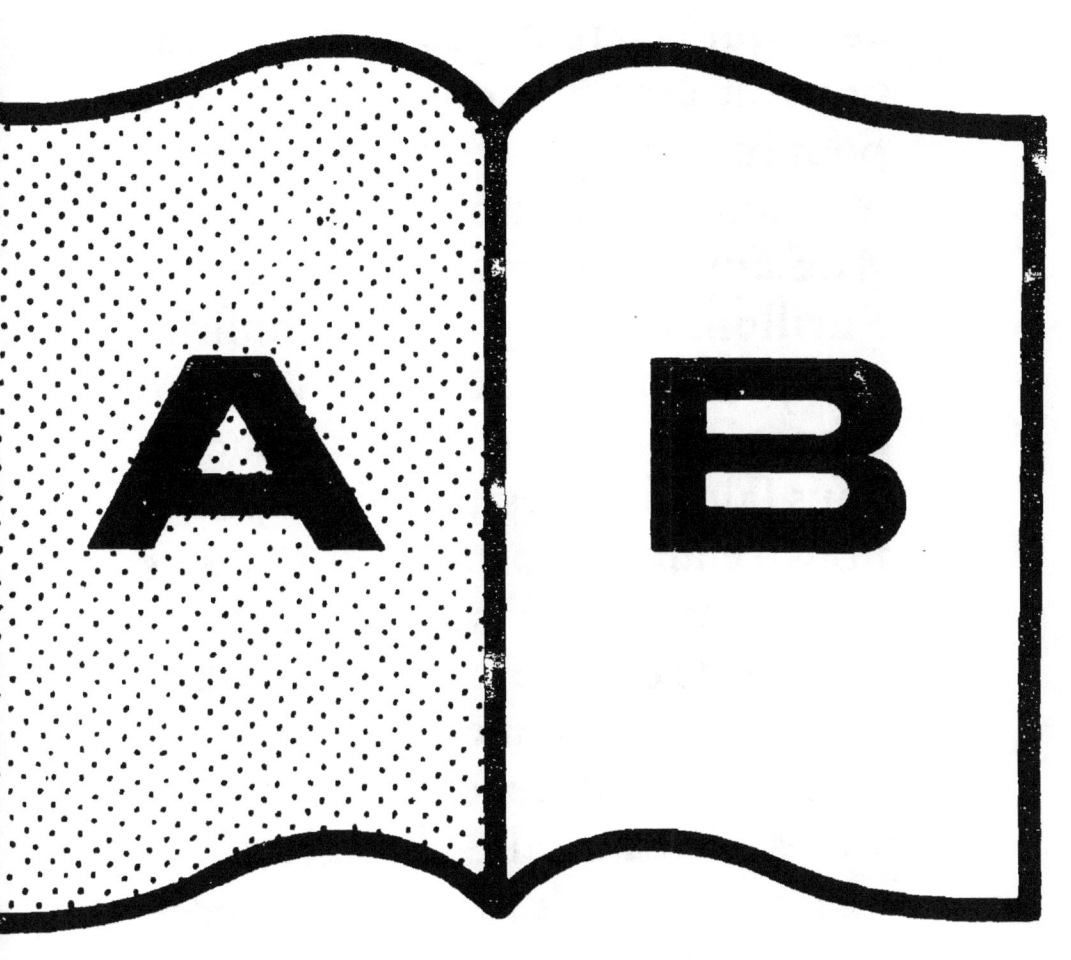

Contraste insuffisant

NF Z 43-120-14

ceux qui jugerent que ce baſtiment pouvoit être François, écrivirent pour luy faire porter par un retour, les nouvelles de nôtre Navigation. Aux approches nous miſmes nos Pavillons dehors; & reconnuſmes celuy de France, que ce Vaiſſeau arbora; l'ayans trouvé à l'ancre, nous ſaluaſmes les premiers; & il nous rendit coup pour coup. Les Lieutenans de l'Admiral, de la Vierge de bon port, & contre Maiſtre de l'Aigle blanc, furent porter nos Lettres; & cependant à petites voiles, l'Admiral & l'Aigle blanc paſſerent vers l'eau; & la Vierge de bon port entre le Navire à l'Ancre à l'embouchure de la Riviere de Senega, dont deux éminences de ſable, marquent l'arrivée dans la Mer, à quinze degrés de latitude. Le Taureau un peu plus viſte vent en poupe, que le moindre des trois autres Vaiſſeaux, s'étoit preſſé & avoit pris les devans depuis deux

DE MADAGASCAR.

jours. Les Officiers qui avoient portés nos lettres, revinrent; & nous asseurerent que le Navire à l'ancre étoit François, ce dont nous peusmes douter jusques-là : car le Pavillon sert souvent de ruse. Il étoit party de Dieppe, le 18. jour de Février, & avoit ancré à l'embouchure de la Riviere de Senega, le 25. du mois où nous étions, les Barques que nous avions veuës à la voile, venoient de la coste à ce bord & amenoient des cuirs qu'y envoyoient le Capitaine de ce Vaisseau qui étoit à terre, & les Commis de la Compagnie des Indes Occidentales. Nous éloignans ce Navire à l'ancre, fit une décharge de tout son canon ; & rendit cét honneur aux privileges que Sa Majesté nous avoit accordés & au merite de nôtre entreprise.

Le 30. Mars à dix heures nous découvrismes les Mothes du Cap Verd, à trois heures aprés midy nous nous trouvasmes à leur hauteur : celle qui avance le plus dans la mer, est environnée, à la distance d'une portée de mousquet, entre laquelle la mer passe, de rochers si heureusement minés & percés du battement des eaux, que les figures en divertissent autant quand on cingle vent à gré, qu'elles sont horribles pendant la tempeste. Le Taureau nous attédoit ancré à picq devant un Islet, sur lequel les Hollandois ont garnison. Nous n'étions pas encore demeurés precisement d'accord du lieu où nous prendrions de nouvelles eaux, si ce seroit à la premiere baye aprés le Cap-Verd, ou si nous avancerions jusques à Rufisé qui est trois lieuës plus loin. Le Capitaine de la Vierge de bon port, se fit porter au Taureau ; & les trois Vaisseaux passerent outre, & saluerent ce qui nous paroissoit forteresse avec le Pavillon Hollandois. Le Capitaine Admiral s'appercevant que nous ne suivions pas aussi viste que nous le pouvions retardans pour donner moyen au Capitaine de se rembarquer de jour, crut que nôtre dessein étoit de n'aller pas plus loin : Il fit retourner prouë, ce que le vent luy permit ; & dressa sa route sur nous, au mesme temps que le Capitaine du Taureau, faisoit lever l'ancre pour joindre l'Admiral. Le Capitaine de la Vierge étant remonté dans son Vaisseau, tous les Capitaines se parlerent de bord à bord ; & conclurent que nous aiguaderions à la premiere baye aprés le Cap Verd: mais qu'à cause de la nuit qui commençoit à tomber, nous attendrions au lendemain matin à entrer dans la Baye & à jetter les ancres.

Nallot passager Enseigne dans le Taureau, que le Capitaine du bastiment où j'étois avoit amené, nous dit que ne nous voyant point encore paroître, il avoit fait trouver bon au Capitaine du Navire dans lequel il paſſoit, de luy preſter une Chaloupe & de le faire mettre à terre où ils découvroient le Pavillon qui ne nous étoit pas ennemy : que luy ſuivy de quatre Soldats & des Matelots de l'équipage de cette Chaloupe, avoit eſté fort bien receu par l'Officier commandant ſur cét Iſlet, pour Meſſieurs les Etats de Hollande, que l'Iſlet environ d'une lieuë de tour, étoit muny de deux forts: Le premier ſur le roc pour empeſcher l'abord ; & l'autre dans la plaine pour ſervir de Magaſins ; qu'ils ſe deffendoient avec quarante pieces de Canon & deux cens hommes de garniſon ; que retournant, le Lieutenant du Commandant Hollandois, le ſuivit dans une autre Chaloupe & vint offrir tout ce qui ſeroit au pouvoir de ſa Nation en ce païs, pour le ſervice des François.

Chapitre II.

Arrivée au Cap-Verd.

Aprés avoir tenus la mer pendãt toute la nuit en faisant des bordées à demy lieuë, qui est aller & revenir presque sur ses brisées, le dernier jour de Mars nous ouvrit l'entrée de la Baye, & les quatre Vaisseaux moüillerent leurs ancres à une lieuë de terre, à quatorze degrés & demy Nord de la ligne Equinoctiale, le Soleil étant trois degrés & demy dans la maison d'Aries, ce qui nous l'approchoit de ces trois degrés & demy, plus que nous n'étions de l'Equateur. Là chacun raisonna sur le dire ou sur l'experience d'autruy ; & faisans encore reflexion sur cette grande proximité du Soleil dont l'ardeur est de beaucoup plus violente par la reverberation qu'en rend la terre; tel ne vouloit point descendre crainte du mal de reste, un autre de la fiévre, un troisiéme se defioit de la reception des Negres; & ainsi du Navire dans lequel j'étois, le Capitaine & les autres Officiers voulurent sçavoir des nouvelles avant que de quitter leur bord. Je trouvé cette attente trop ceremonieuse, pour des gens qui devoient être plutost temeraires que timides; & m'apercevant qu'ils n'en usoient pas si froidement dans les autres Vaisseaux: je me fis conduire à la côte par dix rameurs. Le Capitaine Admiral, le Capitaine de l'Aigle blanc, le Lieutenant du Taureau & d'autres Officiers de ces trois bords, arriverent presque en même temps, au mesme endroit, où environ deux cens Negres masles & femelles se jetterent dans l'eau trop basse pour faire flotter nos Chaloupes, & nous voulurent porter sur le sable: Ils s'ems'empresserent tellement de nous rendre ce service, qu'il le fallut recevoir, malgré nous, de quelques-uns d'eux, plutost que de nos Matelots. Cette belle troupe nous fit entendre confusement en langue Portugaise que nous devions aller voir l'Alcade: nous nous laissames conduire le long du rivage, dans un Village éloigné de six cens pas du lieu où nous avions mis pied à terre. Ce Village étoit presque rond, composé d'environ cent Cases rondes, droites de deux pieds & demy d'élevation, & la couverture finissant en pointe, & representant fort bien celle des Glacieres qui sont en France ; chaque Case avoit une cour fermée & palissadée: ce fut en un de ces espaces des dehors d'une Case, que nous trouvasmes l'Alcade, ou Gouverneur, Negre de mine fiere, âgé de quarante ans, comme nous le jugeasmes ; il étoit assis sur une sellette de bois, un Tulban

B

de toile de coton bigarée blanc & bleu en teste, une pagne ou façon de tapis sur les épaules, & une autre qui le couvroit depuis la ceinture jusques aux genoux; ses Officiers étoient par terre, les uns étendus de leur longueur, d'autres assis sur leurs talons & son principal Conseiller âgé de quatre vingt dix-huit ans, comme nous le sçeusmes précisément ensuite, accoudé sur les genoux de l'Alcade: Nous ouvrismes nôtre harangue par une bouteille d'eau de vie que nous luy donnasmes: ce Seigneur d'un air Religieux, leva les yeux au Ciel; & aprés avoir fait connoître à l'Assemblée par l'inspection du Soleil, qu'il étoit le Midy qu'il cherchoit: il s'en vuida une partie dans le corps, le bon homme de Conseiller en beut, & à peine en resta-t-il au troisiéme pour en tâter. Nous dîmes à l'Alcade que nous étions François qui nous arrestions en ce lieu, seulement pour y prendre de l'eau & du bois, & que nous ne voulions rien enlever sans l'agrément de son Excellence. Il nous respondit qu'il étoit amy du Roy de France, & nous demanda l'état des affaires de ce Royaume: nous en parlasmes en bons sujets de Sa Majesté, & en gens qui l'alloient faire redouter jusques au bout du Monde: Il nous dit que pour permission de nous fournir d'eau & de bois, il limitoit ses droits à six bouteilles d'eau de vie, six aulnes de toile blanche ou bleuë, & une barre de fer pour chaque Navire à l'ancre; & à une bouteille d'eau de vie pour chaloupée d'eau ou de bois que nous ferions transporter: nous luy promismes satisfaction, témoignans neanmoins, que ce qu'il demandoit étoit beaucoup. Quatre des femmes de l'Alcade se montrerent, il nous dit qu'elles étoient curieuses de nous voir, & nous pria de leur faire quelque present : à leur ajustement nous connusmes bien ce qu'elles aimoient, elles avoient des coliers de grains d'or, d'argent & de corail meslés parmy d'autres grains de verre & de bois, & de petits pacquets qu'elles nôment gris gris qui enferment des caracteres Arabesques écrits sur du papier ; leurs bras au dessus du poignet & au dessus du coude, & leurs jambes au dessus de la cheville du pied & au dessous du genoüil, étoient parées de mesme : nous leur donnasmes de la verroterie de diverses couleurs. Les hommes & les femmes sont coëffés de la mesme façon ; les cheveux tressés des deux costés leur tapent les oreilles, & une grosse tresse conduite leur vient du derriere de la teste en pointe sur le front. Il y a si peu de difference en leurs habillemens, que nous n'eussions pû en distinguer le sexe, si la nature n'avoit eu plus d'inventions que leurs Tailleurs.

Lors que nous fufmes menés chés cét Alcade, les principaux fous luy un peu éloignés du lieu de fa refidence, ne s'étoient pas encore rendus auprés de leur chef, & tandis que nous l'entretinfmes & confiderafmes la galanterie de fes femmes ; il en arriva environ cinquante armés de coutelas, d'arcs, de fleches, quelques-uns de demy picques & d'autres de fimples fagayes, nuds, comme ils le font tous ordinairement, excepté une bande de toile qui leur couvre a demy ce que vous devinés : ce fut une petite alarme aux plus défians de nôtre troupe : mais les plus fages empefcherent que l'emotion n'éclataft. Au fortir de chés l'Alcade, nous tournafmes deux autres Villages de mefme figure que celuy que nous quittions, & éloignés feulement de deux cens pas : nous y vifmes quatre cens hommes &

autant de femmes ajustées de ce qu'elles avoient de plus precieux, & quelques-unes de si grande quantité de ces grains de toutes matieres & de toutes couleurs, que je les en eusse trouvées plus chargées qu'agreables, si on ne me plaisoit toûjours, quand je reconnois du dessein de me plaire. Nous entrasmes en cinq ou six Cases basties, comme elles le sont toutes, de feüilles & de branches de Palmier, les branches contraignant la proportion & les feüilles fermant l'accés aux injures du temps ; le dedans étoit approprié de petites nattes fort bien travaillées ; nous beusmes du vin de Palme, & mangeasmes du mil qui me sembla passablement bon, & le vin de Palme aigret. Le Lieutenant du Taureau, qui s'étoit chargé de faire pescher pour nôtre disner, y reüssit assés, pour d'un coup de seine, faire attirer à terre dequoy pouvoir satisfaire à l'appetit de tous les François qui y étoient : nous mismes le poisson qu'on nous apporta, sur un feu que nous allumasmes dans celuy des trois Villages qui est au milieu des deux autres : nôtre repas fut reculé par l'alarme d'un coup de canon tiré du Taureau : nous quittasmes pour nous rendre sur le rivage d'où nous vismes le Pavillon du Vaisseau en berne, & apperceusmes une Chaloupe la quille en haut, des Barriques à vauleau & des hommes nageans qui taschoient, les uns à gagner le Taureau, & les autres le bord de la mer, leur naufrage étant arrivé à égale distance de ces deux endroits où ils cherchoient à se sauver, les Chaloupes restées aux Vaisseaux, celles qui nous avoient amenés & trois canots conduits par des Negres ; furent envoyés au secours, où tandis qu'ils s'employoient, le Maître de Chaloupe se tira de l'eau ; mais si épuisé de forces, qu'il demeura étendu un quart d'heure sur le sable, sans se reconnoître & sans parler: Il nous fit comprendre lors qu'il put répondre, que de trente hommes qui s'étoient embarqués, plusieurs animés d'une joye immoderée de changer, comme ils le croyoient certain, d'élement pour quelques heures, avoient joint l'agitation de leur corps à l'émotion de leur cœur, & que se poussans indiscretement, un côté de l'esquif avoit été si surchargé, qu'aidant au vent qui tenoit leur voile en bouline du mesme bord, ils avoient eu le succés que nous voyions.

Pendant qu'on donnoit à cét accident, le meilleur remede que nous éstimions y pouvoir apporter: on nous avertit que l'Alcade étoit à la Fontaine dans laquelle on avoit toûjours puisé, depuis que nous avions abordés, pour retarder le moins qu'il seroit possible; & s'opposoit

posoit à l'enlevement de l'eau; nous disnasmes fort prestement, & fusmes ensuite le trouver. Un Commis venu d'une habitation sur la Riviere de Senega, appartenant à la Compagnie d'Occident, nous servit beaucoup à demêler le procés que nous batissoit cette Excellence; qui aprés nous avoir montré quatre-vingt Negres prests, comme elle le disoit, à donner plus volontiers leur sang que l'eau de la fontaine sans reconnoissance : jura qu'elle se vouloit battre si nous traitions autrement, qu'en payant les droits de Souveraineté: les plus violens demanderent à faire une décharge de mousqueterie sur ces testes Afriquaines ; ce qui ne fut pas permis, & une seconde promesse de faire venir de nos Vaisseaux, dequoy satisfaire l'Alcade, finit le trouble & laissa pleine liberté de voiturer de l'eau & du bois. Les Pescheurs de ces mal-heureux

& impetueux Voyageurs, avec le salut de dix-huit; nous apprirent la perte de douze François & de ce vieillard Negre, Conseiller de l'Alcade. Il connoissoit d'un autre cours le Capitaine Kercadiou qui commandoit ce Navire le Taureau; l'ayant oüi nommer, & s'étant empressé de l'aller voir par la premiere Chaloupe qui retournoit à ce bord, il y fut traité à discretion, & succomba sous le faix de la bonne chere, presque à un siecle d'âge, il eust, au dire de ses compatriotes, encore eu assés de vigueur pour nager jusques à terre, si la fumée de l'eau de vie ne l'eust accablé de toute la profondeur de la mer. De ceux qui échaperent, quelqu'un eut l'esprit assés present dans le peril, pour rire de l'instinct d'un rat qui se reposa dans son naufrage sur le chapeau du Superieur des Missionnaires qui demeura submergé; ce ne luy fut pas moins qu'une

Isle : mais la vague qui la faisoit floter la cacha, puis la fit reparoître deserte.

Deux François exercerent une illustre generosité : mais avec une issuë contraire. L'un nommé Plansson qui nageoit parfaitement bien, se fit tenir par son amy qu'il sçavoit ne point nager du tout, & perirent ensemble ; effet d'une fidelité qui ne se trouve que dans les personnages dont les artifices du monde, n'ont point encore chagriné la bonne nature, & celuy de l'amitié de deux jeunes hommes, beaux, bien-faits, d'esprit doux, & dignes d'une fortune aussi éloignée de celle qu'ils ont subie, que les choses les plus agreables le sont des plus funestes.

Le nommé la Martinette fut l'autre genereux & bien avisé, il tira du domaine de la mort, un petit garçon de dix ans, fils de Moutaubon, autrefois Conseiller au Presidial d'Angers, qui passoit pour être Juge Civil à Madagascar, le soûtenant d'un bras en nageant de l'autre ; il le monta sur la quille de la Chaloupe, luy aprit à se laisser tourner au gré de la vague, & à ne point quitter le bois jusques à ce qu'on le vint prendre : luy commit sa vie à ses forces & à son adresse; en venant à terre, il rencontra un canot où il se prit & monta dedans: mais y reconnoissant deux visages transsis de la peur du danger passé & de celuy qu'ils dirent courir encore, si ce canot qui étoit fait pour porter trois hommes seulement, n'étoit soulagé de quelqu'un de cinq qui y étoient; il se rejetta dans l'eau, aborda le rivage en nageant, & peu aprés une Chaloupe amena le jeune Montaubon, & beaucoup d'estime pour la generosité de son brave liberateur.

Le bruit de la mort du vieil Negre, alla aux oreilles de ses femmes

qui dispersées en divers Villages, se rendirent, six qu'elles étoient, sur la côte, & coururent le circuit de l'Anse ou Baye, dans laquelle le naufrage étoit arrivé, pleurant & priant les ondes qui donnoient jusques à leurs pieds, de leur rapporter le corps de leur mary ; la nuit commençant à tomber, & ne recueillant point ce reste insensible de leurs communes amours ; elles accuserent la mer de cruauté & se retirerent dans leurs cases, criant pitoyablement & d'autant plus justes dans leurs plaintes, que le supplice du païs, est de noyer les coupables, & qu'en quelque endroit qu'ils soient rejettés, on leur denie la sepulture : comme nous le vismes aux cadavres de deux Negres punis de cette sorte, demy enfoncés dans le sable, & demy mangés des oiseaux. Avant de nous retirer dans nos Vaisseaux ; on ordonna corps de garde de quarante hommes prés
C iij

la Fontaine où nous aiguadions, pour empefcher l'Alcade de faire empoifonner l'eau, s'il en eût eu le deffein.

Le premier jour d'Avril tous les principaux Officiers, excepté le Prefident du Confeil de Madagafcar qui étoit malade, fe firent porter à terre ; où dans une recherche auffi exacte qu'il fe pût, on trouva fur la côte feulement trois corps des noyés, qui furent celuy du Superieur Miffionnaire, & ceux de Planffon & de Gaultier fon amy: on les enferma dans une mefme foffe, fur laquelle une croix fut élevée, pour marque de la Religion qu'ils avoient profeffée.

Aprés ce pieux devoir, nous refolufmes de reconnoître le païs en chaffant, & avançafmes deux lieuës fur le continent d'Afrique : les arbres communement ne m'y parurent pas beaux, je les trouvé peu preffés, bas & fans agrément : mais dans les endroits où viennent les Palmiers : on demeure sous ce climat brûlant à la fraîcheur de leur ombre, si bien paré des ardeurs du jour & dans de si douces reminiscences; que je soûtiens qu'il n'y a point de plus aimable repos que celuy qui se prend à l'abry des Palmes dont nous sommes couverts; il y a des espaces de vingt arpens, que s'il m'étoit permis de monter sur Pegaze, pour m'élever dans la nuë au dessus de la hauteur des Palmiers, j'en prendrois le couvert pour une prairie de cette étenduë; les cimes de ces arbres larges de mille branches, s'unissent si proprement, que sans faire confusion, elles se touchent & se baisent, & de dix mille têtes ne font qu'un platfond porté par dix mille hautes colomnes, où la nature a mis son plus bel ordre. Les Negres en tirent le vin, en entamant le tronc à la cime, entre les feüilles qu'ils bouchon, nent, & font entrer de force dans le trou d'un vase de terre de la figure d'une grenade d'artillerie ; il en est supporté & reçoit la liqueur qui coule de l'ouverture de l'arbre, le long de ces fueilles ; il y a jusques à vingt de ces pots autour d'un seul tronc, & les Negres les mettent & reprennent assis sur un côté de cerceau, les pieds contre l'arbre, & l'autre côté du cerceau presse le Palmier qu'il embrasse aussi fort qu'emporte le poids de celuy qu'il soûtient. Le vin de Palme est doux, bû incontinent qu'il est coulé, aprés il devient aigret, & en deux fois vingt quatre heures est si aigre qu'on n'en peut plus boire.

Nôtre chasse reüssit à six Pintades appellées à Paris Poules de Guinée, quatre Perdrix, vingt Tourtes & des Perroquets.

Le soir passans dans le Village où l'Alcade tenoit sa residence, nous entendismes quelque bruit comme

DE MADAGASCAR. 33
de Tambours; nous cherchasmes l'endroit d'où il venoit, & vismes à la porte de la Palissade des dehors d'une Case, deux Negres de dix-huit ans chacun, qui battoient sur deux instrumens qui par un bout étoient ronds & couverts d'une peau, & cette rondeur diminuant toûjours, rendoit l'autre bout pointu. Un des fils du Negre noyé vint au devant de nous & nous pria d'entrer; il nous montra six femmes assises qui pleuroient abondamment; il nous dit qu'elles donnoient ces larmes à feu leur mary, & témoignant luy mesme une veritable douleur; nous fit comprendre que la vertu ne luy étoit pas inconnuë.

Le troisiéme Avril nous tuâmes à la chasse, deux Chevreüils, quantité de Pintades, Perdrix, Tourtes & Perroquets, & le Capitaine de la Vierge de bon port abattit un Tigre d'un coup de fusil: nous n'en cherchions pas tant à pied & fans armes que pour une chaffe commune; il fut tüé, parce qu'il ne fe fit pas connoître affés-tôt. Nous euffmes aprés, la vifion d'un lion de fort belle taille à qui nous ne voulûmes point demander qui vive ; crainte de le mettre en colere. Nous nous rendifmes à la Fontaine, où l'Alcade qui n'avoit point encore été payé, vint monté fur un joly cheval, à la tête de cent Negres à pied. Nous luy donnafmes le quart de ce qu'il avoit fouhaité, & il en parut content.

Un Marabou de fa compagnie, demanda à conferer avec un Miffionnaire, & pendant que l'Alcade receüilloit fes droits ; celuy-cy vouloit contefter de Religion : aprés quelques paroles rapportées de Portugais en François, & de François en Portugais par un Interprete : le Negre s'affit fur le fable, & fe defaifant d'une fagaye

DE MADAGASCAR.

qui embaraſſoit ſa main droite, il la picqua à vingt pas de luy, dans un aviron qu'un Matelot avoit planté à terre : puis tirant un coûteau de ceinture d'un pied & demy de lame, il en appuya la pointe ſur ſon eſtomach, & dit au Miſſionnaire de pouſſer auſſi fort qu'il luy plairoit : ce defy l'étonna, & le Negre voyant qu'il n'acceptoit pas ſon offre, frappa ſur le bout du coûteau, à beaucoup de repriſes, de toute la force de ſon poing, & ne le fit point entrer. J'en croy la cauſe dans la vertu de quelque herbe, dont il s'étoit frotté, & le Miſſionnaire fut prudent de ne pas hazarder à éprouver ſa main, l'effet d'un ſecret de nature que les foibles prendroient pour un miracle.

A ſix heures du ſoir, nous fuſmes avertis que les parens du Negre noyé, faiſoient faire un ſacrifice pour honorer ſa memoire & purifier ſon eſprit : nous entraſmes au Village, au milieu duquel nous apperceufmes auprés d'un petit feu de branches de Palmier, entre cent hommes & femmes, ce mefme Marabou le coûteau en main & preft à l'enfoncer dans la gorge d'un bœuf qui devoit fervir de victime : tous les affiftans pouffoient des cris épouvantables, vers le côté où le Soleil fe couchoit, & le prioient d'étre favorable à l'efprit du Capitaine Jean Amfterdam, c'eft ainfi qu'on appelloit ce Negre, & continuérent leurs hurlemens, jufques à ce que la bête ayant été mife en pieces & fes entrailles brûlées, le Marabou en diftribua à chaque parent du mort, ne manquant pas d'en donner à mefure de l'affliction qu'ils avoiét témoignés.

Le 4. Avril & les jours fuivans jufques au feptiéme, la chaffe nous fut heureufe d'un Tigre tüé encore fans y penfer, de Chevreüils & de quantité d'oifeaux.

Le soir du 7. étans retirés dans nos Vaisseaux, & la nuit noire & entierement répanduë ; nous vismes au rivage, le feu de quelque décharge de mousqueterie sans en entendre l'éclat, à cause en partie de l'éloignement : mais beaucoup plus du vent qui souffloit de la mer; nous prismes juste alarme, sur ce que ce mesme jour, des fils du Capitaine Jean Amsterdam, qui au bruit de la mort de leur Pere, étoient venus de la cour du Roy d'Amen, avoient querellé un nommé Capitaine Mathei, l'appellant traistre de ce qu'il avoit montré ce qui étoit enfermé dans ses gris gris, & de découvrir les mysteres de leur Religion, aux François qui étoient des méchans, & avoient noyé leur pere. Mathei nous avoit demandé refuge & protection ; il fut mis au corps de garde, & laissé pour y passer jusques au lendemain, qu'on se promettoit d'accommoder son affaire; ainsi nous peusmes croire qu'on avoit attaqué nos soldats à cette occasion, & qu'ils avoient tiré en se deffendant. Le Capitaine du Taureau avertit par un coup de canon chargé à boulet, qu'on alloit au secours : mais peu aprés une Chaloupe qui étoit restée à la côte, vint aux quatre Navires, & le Maître dit qu'il n'en étoit pas besoin; que le feu que nous avions veu, étoit d'une décharge que le Lieutenant qui commandoit le corps de garde, avoit fait faire aprés une reveuë de ses gens ; ce qui n'eust été que bien le jour : mais tres-imprudemment ordonné à l'heure à laquelle nous nous en alarmasmes.

Le 8. l'Aigle blanc le plus petit de nos Vaisseaux, ayant été chargé de tout ce qui luy étoit necessaire d'eau & de bois, le Capitaine eut ordre de nous aller attendre à Rufisc, à trois lieuës au dessus de l'endroit où nous aiguadions. Pendant que nous prîmes à terre ces commodités, aucun des Hollandois ne nous parut, & nous ne receûmes d'eux, que la visite qu'ils rendirent au Taureau avant l'arrivée des trois autres Vaisseaux, se defians peût-étre depuis que nous les voulussions surprendre.

Le 9. à neuf heures nos ancres levées, nous mismes à la voile & moüillasmes à onze heures devant Rufisc; c'est un grand Village de huit cens Cases qui en particulier de mesme que celles du Cap-Verd; composent en general un croissant sur le bord de la mer, au gré de la rondeur de l'anse. Nous envoyasmes prier le principal de trois François qui y trafiquoient pour la compagnie d'Occident, de passer dans l'Admiral; il nous y entretint de la precaution dont il se servoit pour se maintenir en ce païs, & nous dit qu'il avoit pouvoir du Roy d'Amen, de qui l'Alcade de Rufisc & celuy du Cap-Verd dépendoient, de traiter de cuirs, d'yvoire & de tout ce qui se trouveroit sur les terres de son obeïssance, en payant tribut à ce Roy, de huit pour cent de ce qu'il emportoit. Nous fusmes le voir à terre dans une Case peu differente de celles des Negres, où il nous regala de gibier & de bonnes liqueurs qui luy étoient arrivées par le Navire ancré vis à vis l'embouchure de la riviere de Senega, qu'il asseuroit devoir étre prest à retourner en France, au mois d'Aoust suivant : il nous promit de venir prendre nos lettres au bord Admiral, lors que nous l'en ferions advertir, & de les faire tenir seurement à leurs addresses.

Outre trois François & quinze à seize cens naturels du païs ; il y avoit en ce Village, quinze Portugais & une Portugaise âgée de trente deux ans habile femme qui y tenoit

DE MADAGASCAR.

noit la sur-intendance du commerce pour toute sa Nation, elle nous fit presenter des Bananes & des Ananas les meilleurs fruits de la contrée, & servir par ses deux filles ny blanches ny noires, demy nuës & demy vestuës; les traits de leurs visages & les proportions de leurs tailles me parurent regulierement bien: trouvant ce milieu entre la blancheur des femmes Françoises & le noir des Afriquaines; je vainquis ce qui me restoit de repugnance pour cette derniere couleur, & ce me fut un passage à croire que la nature n'avoit joint aucun avantage à la premiere. J'estime que les hommes font deriver tous leurs biens & tous leurs maux, d'un fondement qu'ils s'établissent, à la sollicitation de mille idées qu'ils n'examinent pas. Nous avions envoyé six chasseurs battre la campagne, ils arriverent chargés de gibier, & nous nous rembarquasmes.

Le 10. l'Admiral fit signal d'assemblée pour les Capitaines qui vinrent au bord, où on écrivit des signaux pour se reconnoître pendant la nuit, & ne se plus quitter: car pour le combat autre que contre les vagues, nous nous creusmes si bien exempts de mauvaises rencontres, que nous fismes descendre le gros canon à fond de cale, n'en gardans de monté que pour l'honneur.

CHAPITRE III.

Depart de la Rade de Rufisc au Cap-Verd.

LE 11. au matin le François qui negotioit à Rufisc, se chargea de nos dépesches pour France, & incontinent nous levasmes les ancres de nos Vaisseaux, partismes de quatorze degrés vingt minuttes de latitude Septentrionnale, & où nous trouvasmes quarante minutes de variation d'aiman vers l'Est. Nous mismes le vent Est nord Est dans nos voiles, Cap-Sud Oüest; nous cinglasmes trois jours sur ce romb de vent, après lesquels nous tinsmes Cap-au-Sud.

Le 16. hauteur huit degrés de la ligne, nous eusmes le Soleil pour point vertical.

Les pluyes & les broüillards nous furent frequens sous la Zone Torride, ce qui modera tant la chaleur que nous n'en fusmes point importunés. De mer émeuë nous peschasmes des Marsoüins, & des Bonites, & les poissons volans donnoient dans les voiles de nos bastimens; ils sont de la grosseur & presque de mesme que des harancs, leurs aisles sont des nageoires aux autres habitans de l'eau; ceuxcy les ont sans difference que d'un peu davantage de longueur à proportion ; ils demeurent élevés en l'air, aussi long-temps qu'elles sont mouillées, & quand elles sont seches ils retombent dans la mer, & reprennent de son humidité la force de se relever : mais les Bonites qui les chassent perpetuellement, en arrêtent beaucoup, les Marsoüins chassent à ces chasseuses, de sorte que la plus foible espece est la victime de la plus forte. Le calme nous prit & nous retint six jours, aprés lesquels le vent nous revint querir, & nous poussa sous la ligne Equinoctiale que nous passasmes le 28. Avril: la hauteur prise à midy, nous ne nous en faisions éloignés que de cinq minuttes, & une heure aprés nous estimans dessous à trois cens cinquante sept degrés de longitude ; Le premier Meridien pris sur l'Isle saint Georges des Açores ; un ancien Pilote nous representa au nom des Mariniers du Vaisseau qui l'a-

DE MADAGASCAR.

voient autrefois passés; qu'il étoit de la coûtume de faire la ceremonie du Baptême, pour ceux qui n'y avoient point encore été: Il s'en fit le Ministre, nous baptisa d'eau de mer & nous donnasmes quelque argent qui est un droit qu'il ne seroit pas aisé de faire perdre aux Matelots.

Le vent nous laissa à cinq degrés Sud de la ligne où nous l'attendismes sept jours en calme: aprés cent coups de tonnerre, & une chute de gresle foudroyante; il s'empara de nos voiles en tempête & nous souffla impetueusement. Nous jugions être portés extrémement vîte, & lors que le Soleil nous permettoit de prendre nos hauteurs, ou que nous avions recours à les tirer sur la croisade, l'étoile du Nord ne nous paroissant plus, nous étions étonnés d'avancer encore cinq ou six lieuës par jour plus que nous n'avions penfé ; ce qui étoit contraire à ce que nous avions éprouvés depuis le Cap-Verd jusques à l'Equateur, que nos veritables hauteurs diminuoiét de cinq à six lieuës par jour, les estimes que nous avions faites à l'œil, de la cingle de nos Vaisseaux: nous en attribuafmes la cause à des marées qui, à mon avis, prennent leur cours de la ligne au Sud Ouest & au Nord Est, & que nous crusmes ordinaires par des montagnes dans la mer en son milieu, desquelles l'eau étant diguée en partie, se faisoit rapide par le choc qui la contraignoit de retourner, ce que je prie le Lecteur de ne pas reprouver qu'il ne s'y soit approfondy.

Le Taureau tenant mal le vent qui outre son impetuosité, nous ferroit en bouline, son feu se perdoit chaque nuit de veuë des autres bâtimens, par la grande derive de ce Vaisseau vers l'Amerique ; nous le

DE MADAGASCAR. 47

rejoignions le jour, & ainsi, par la Compagnie que nous avions resolus de nous entretenir, nous nous éloignasmes tant de la bonne route; qu'à seize degrés de latitude Meridionnale, nous nous jugeasmes à la hauteur en longitude des Abrollhos qui sont des rochers à quarante lieuës de la terre ferme de l'Amerique, dont la veuë n'a point de moindre mal que de faire perdre le Voyage par la necessité de relascher; les Capitaines & Pilotes des Vaisseaux furent appellés dans l'Admiral où on conclut de nous servir du vent qui nous avoit poussé Cap Oüest Sud Oüest, à nous remonter Cap Est Sud Est. Ainsi nous voguasmes éloignans ce que cherchions, pour éviter ce qui étoit capable de nous faire perir. Aprés avoir porté trois jours sur cét air de vent, nous nous remismes & doublasmes à dix neuf degrés, les Abrollhos, vent largue.

Le 21. jour de May nous passasmes sous le Tropique de Capricorne, & sortismes de dessous la Zone torride. A la hauteur de trente degrés de latitude, les Pilotes assemblez se trouverent tres-differens dans leurs estimes pour la longitude, & nous ne peusmes nous bien regler sur l'éloignement, du Cap de Bonne-Esperace. L'Admiral n'avoit pas assés d'eau pour aller à nôtre but sans aiguader, si les autres Vaisseaux ne luy en donnoient. Le Lieutenant de la Vierge de bon port m'étant venu prier de passer en ce bord pour assister aux devoirs funebres de l'Aumônier qui étoit mort. Je m'informé du Capitaine du Taureau que j'y trouvé, & de celuy du Navire, si nous en pouvions esperer; ou si nous arréterions au Cap: Ils firent pomper leurs tonneaux d'eau, la nuit, & le lendemain nous en asseurerent dix-huit pipes qui nous furent amenées

pendant

pendant deux jours suivans. Le premier jour de Iuin le Missionnaire embarqué dans l'Aigle Blanc, vint au bord Admiral y faire la peinture d'un grand desordre qui étoit prest à finir par un combat, les Matelots prenans deux canons de quatre qui restoient montés, & se mettans au devant, & les Passagers avec les deux autres canons, au derriere du Vaisseau, pour appaiser en s'entre-faisans perir, une haine étrange qu'ils avoient conceus pendant la route, les uns contre les autres : un Officier fut envoyé avec ordre au Capitaine de venir rendre compte de ce qui se passoit dans son bâtiment. Nous connusmes que la picque avoit commencé par la Controverse; ce Capitaine & presque tous les gens de son équipage étoient de la Religion pretenduë Reformée : Le President fit remonstrance aux chefs qui furent renvoyés & nous fismes amener en l'Admiral, deux de ceux qui s'étoient les plus échauffés sur cette querelle, ce qui appaisa le different. Le troisiéme à la plus forte estime, à quarante cinq lieuës vers l'eau du Cap de Bonne-Esperance, & à trente quatre degrés & demy de latitude Meridionale qui est marquée pour sa hauteur ; le President Garde des sceaux du Conseil souverain qui devoit étre étably à Madagascar, fit mettre le Pavillon du Vaisseau Admiral en berne, & tirer un coup de canon qui servit de signal aux Officiers passagers de se rendre à ce bord, pour y voir les ordres qui nous avoient été donnés en France en quatre boëtes de fer blanc cachetées du sceau de la Compagnie à ouvrir à cette hauteur, une entre les mains du President, une entre les miennes ; des deux autres une en celles du Juge Civil qui passoit dans le Taureau & l'autre en celles du premier passager

DE MADAGASCAR.

dāsla Vierge de bon Port; ce dernier n'y vint point, & les trois autres boëtes furent ouvertes: nôtre mécontentement fut grand du mystere qu'on nous fit de cette quatriéme, & le soupçon gagna particulierement l'esprit du President qui craignant qu'on n'éclipsast de beaucoup son pouvoir qu'il sentoit déja attaquer par des Commissions qui avoient été trouvées signées des Scindics de la Compagnie, pour des gens qui n'avoient point paru se devoir méler du gouvernement, & qui contre la declaration du Roy pour l'établissement de cette Compagnie, entretoient au Conseil sans n avoir les Lettres patentes de Sa Majesté: Il resolut deslors de quitter les autres Vaisseaux, porté dans le plus vîte des quatre, il fit son compte d'arriver le premier à Madagascar, & pour s'asseurer mieux de n'y être pas prevenu, de ne point reconnoître l'Isle de Mascar[i]gne que nos Ordres nous disoie[nt] d'aborder auparavant; ce qu'il imaginoit bien que les autres ne manqueroient pas d'executer. Ce dessein formé n'eût pas un si prompt effet : on chercha quelque temps de specieux pretextes; il y en avoit un assés fort en doublant le Cap des Aiguilles, la mer bruyante & haute, & les vents inconstans & impetueux pouvoient faire dire qu'il n'avoit pas été possible de nous tenir en flote : mais la mauvaise intelligence d'entre le President & le Capitaine Admiral, ne put les faire consentir à s'entreservir, & bien qu'ils souhaitassent tous deux d'avancer : le Capitaine connoissant que le President le souhaittoit plus fortement que luy; en vouloit tirer une entiere décharge à ordre precis.

Nous observasmes trois degrés de variation d'aiman vers l'Oüest, par estime à quarante cinq lieuës

DE MADAGASCAR.

vers l'eau de la hauteur du Cap des Aiguilles en latitude. Les bourasques & l'agitation des ondes & des vents, nous firent avoir besoin de l'addresse de nos plus experimentés Mariniers : disputans contre la violence des tempestes, nous perdismes la voile de misene de nôtre Navire & celle du petit Hunier : les coffres, les cabanes, les mousquets roûloient dans la chambre du Vaisseau : ce qui se trouva entre les ponts fut desamaré & bouleversé, & cinq ou six hommes blessés dans cette déroute dont on ne pouvoit esquiver le choc.

La nuit du 7. au 8. jour de Juin pendant une épouvantable tourmente, la barre du gouvernail rompit, & un sabord de nôtre chambre s'étant ouvert, l'eau y entroit de la grosseur de deux hommes au panchement du Navire : nous fûsmes demy noyés avant qu'il pût être refermé, & le jour nous vit que nôtre bâtiment étoit encore sans conduite.

Le 8. à trois heures aprés midy, de vent mediocre: mais la mer haute & agitée, une vague prit nôtre Vaisseau en poupe, fit soulever le gouvernail qui enfonça le banc de la chambre, & assis en cét endroit, me renversa contre la table & moüilla jusques aux Dunettes. Le Capitaine & les Pilotes qui étoient dedans au dessus de nous, s'épouvanterent beaucoup de cét accidér, & dans l'extreme branlement du Vaisseau, crurent que le gouvernail avoit trouvé fond, & que nous étions sur une basse. Il est tres-ordinaire de recevoir des coups de mer de trois ou quatre tonneaux d'eau: mais cela arrive quand les Navires voguent de vent largue, de côté ou de bouline, & que les vagues sont poussées contre les flancs qui font resistance, pour celuy-cy bien moins commun, le plomb fut jetté & nous fondasmes sans trouver terre : aprés quoy ayans conclus que nous ne portions pas assés de voiles defertées, & n'allions pas assés viste pour esquiver toutes les houlles de la mer, qui couroient precipitamment aprés nous, émeuës des tempestes des jours passés ; nous mismes le vent dans nos Pacfis, nos Huniers & la voile de Beaupré.

Le moyen ayant été trouvé pour les seuretez du Capitaine, en ne hazardant guere le President, qui fut un certificat du Medecin, comme ledit sieur President avoit besoin de quitter promptement la mer, pour lever d'une maladie qui l'avoit toûjours tenu au lict depuis qu'il étoit embarqué, sans quoy il luy étoit inevitable de mourir dans peu; & un acte en forme d'ordre, ayant été delivré au Capitaine, de courir à ce remede ; Le 11. jour de Juin nous faussames compagnie, & fismes route pour Madagascar.

Pour éviter d'être entraisnés par les courans que les experiences de beaucoup de mal-heureux, nous ont apris être entre la côte de Monomotapa, de Mozambique & cette Isle; nous cinglasmes en longitude sur trente sept à trente neuf degrés de latitude, jusques à ce que nous estimans hors de ce danger, nous tournasmes Cap au Nord Oüest & descendismes par estime sur la pointe de l'Isle de Madagascar.

A vingt neuf degrés de latitude, le calme nous arresta 8. jours de la plus grande quietude de l'air & de l'eau.

Le 8. jour de Iuillet à midy sous le Tropique de Capricorne, nous mismes Cap au Nord Nord Oüest, & cherchasmes terre qui nous parut au matin du 9. & fut estimée & connuë pour l'Isle de Madagascar. A midy hauteur prise de vingt-quatre degrés, nous courusmes à une plus grande elevation Cap Sud Sud

Oüest, jusques à cinq heures, que jugeans ne pouvoir ancrer ce jour à aucun abry, nous tinsmes la mer en faisant des bordées. Le 10. à dix heures nous moüillasmes à deux lieuës dans la mer, à trente brasses de fond, devant une petite langue de terre de dessus laquelle nous avions veus sortir la fumée d'un coup de canon qui répondoit à un autre que nous avions tirés en incertitude si c'étoit la scituation du fort Dauphin.

Chapitre IV.

Prise de possession de l'Isle de Madagascar au nom du Roy pour la Compagnie des Indes Orientales.

Aprés le *Te Deum* chanté pour nôtre arrivée & remerciment rendu à la Providence, de ce qu'en un Voyage estimé de quatre mille lieuës sur les journaux ; il n'étoit mort qu'un Matelot, de cent soixante trois Mariniers & passagers embarqués dans le Saint Paul : Les Chaloupes furent mises en mer, & un Trompette chargé de lettres à rendre au Gouverneur du Fort Dauphin & au Superieur de la maison des Missionnaires, fut envoyé demander des Ostages pour seureté de la personne de l'Officier qui iroit traitter avec le Gouverneur sur le sujet de nôtre venuë. Pendant que cét Envoyé étoit porté à terre, un canot ramé par trois Negres aborda nôtre Vaisseau, & nous apprîsmes de l'un d'eux qui parloit assés François pour se faire entendre ; que le Gouverneur que nous luy nommasmes se portoit bien : mais que le Superieur de la Mission que nous esperions trouver, & un François à qui nous devions, s'il vivoit, donner une commission de

DE MADAGASCAR. 59

Lieutenant, étoient morts. Le soir nôtre Chaloupe revint amenant quatre des principaux François choisis par le Commandant & instruits à son gré de ce qu'ils avoient à dire.

Le 11. au matin, accompagné d'un Lieutenant & de quatre Commis de la Compagnie, je me fis conduire au Fort Dauphin & chés le Gouverneur, où tenant en main un original de la Declaration du Roy, pour l'établissement de la Compagnie des Indes Orientales en l'Isle de Madagascar, de laquelle Sa Majesté faisoit don à ladite Compagnie : Je luy representé cette expedition, dans la force & dans la chaleur avec laquelle je l'avois veu entreprendre en France, & portant son établissement & sa grandeur à l'interest & au bien commun de tous les habitans du Royaume ; luy fis valoir la place de Capitaine commandant les armes, pour laquelle je luy offris les lettres patentes de Sa Majesté expediées en son nom, dont j'étois porteur alors : Il ne les accepta pas, & me demanda si Monsieur le Mareschal Duc de la Meilleraye, pour qui il tenoit ce Gouvernement, ne luy ordonnoit point de s'en demettre : Je luy appris sa mort, luy fis voir un delaissement de Monsieur le Duc de Mazarin, de ses pretentions sur l'Isle, & luy rendis une lettre qu'il luy écrivoit, par laquelle il le remercioit des services qu'il avoit rendus à feu Monsieur son pere & à luy, & l'invitoit à prendre l'employ qui luy seroit presenté, en quoy il continuroit de l'obliger & de le servir, puis qu'il étoit interessé : Il me dit qu'il reconnoissoit mes ordres pour bons, qu'il quitteroit le pouvoir qu'il avoit dans l'Isle, quand on le voudroit recevoir ; me priant neanmoins, qu'avant d'être dépossedé, il rendist à la memoire de Monsieur de la Meilleraye, ce qu'il luy croyoit devoir ; & qu'il resoudroit lors qu'il seroit libre, s'il prendroit part à la nouvelle forme de Gouvernement, ou retourneroit en France. Aprés disner chair & poisson, ris & vin de miel, & des ananas pour dessert ; je l'invitay à passer dans nôtre Vaisseau pour conferer avec le President du Conseil, qui étoit malade & n'avoit pû descendre à terre, avec qui il pourroit prendre des mesures plus seures, puis qu'il avoit le pouvoir particulier de traitter avec luy pour ses appointemens : Il me répondit qu'il feroit comme il avoit dit, qu'il étoit inutile d'en parler autrement : mais qu'il iroit volontiers le voir, si je laissois des Ostages, ne voulant pas paroître imprudent ny s'abandonner. Le Lieutenant qui étoit venu avec moy & trois Commis restans au Fort, nous nous embarquasmes en Chaloupe & fusmes au devant du Vaisseau qui s'approchoit pour ancrer à l'abry de la pointe. Le President fit tirer le coffret où étoient enfermés les sceaux, & l'ayant ouvert me dit d'expliquer en François à Monsieur le Gouverneur, *sigillum Ludovici decimi quarti Galliarum Regis, ad usum supremi Consilij Galliæ Orientalis,* delà il prit sujet de discourir sur les grands commencemens d'une affaire qui ne devoit avoir que d'illustres suites, & fit offre au Gouverneur, de la part de la Compagnie, d'appointemens considerables, pour exercer l'employ de Capitaine commandant toute la milice de l'Isle, avec seance au Conseil souverain, & l'esperance de grandes recompenses : Il se tint dans les termes où je l'avois veu auparavant, & sans refuser differa à se declarer ; jusques à ce qu'il fust entierement sorty du commandement que luy avoit donné Monsieur le Mareschal de la Meilleraye.

Le 12. Iuillet plusieurs des François qui avoient la garde d'un petit Fort à Mananbarre à six lieuës du Fort Dauphin, se rendirent à celuy-cy à l'ordre qu'ils en avoient receus du Gouverneur, & dans la joye extraordinaire que témoignerent ceux qui passerent jusques à nôtre bord, de nôtre arrivée & de celle de trois autres Vaisseaux que nous leur promettions dans peu de temps ; nous demélasmes la grande necessité qu'ils en avoient ; bien que l'adresse du Gouverneur la dissimulast parfaitement, & qu'il fist mine de quelque mécontentement d'être obligé de ceder une authorité qu'il faisoit sous-entendre avoir vastement affermie.

Le 13. au matin un Service fut chanté pour feu Monsieur de la Meilleraye, son Oraison Funebre prononcée par un Prestre Seculier,

Docteur en Theologie, & la ceremonie finit par la décharge de tout le canon, qui se trouva au Fort en état de tirer, auquel celuy de nôtre Vaisseau répondit. Aprés midy je porté des articles au Gouverneur pour qu'il les signast, qui disoient que le lendemain 14. Iuillet, il remettroit l'Isle de Madagascar & le Fort Dauphin entre les mains du porteur des Ordres de Sa Majesté, & du double desdits articles.

Qu'il seroit fait Inventaire de ce qui se trouveroit appartenir à Monsieur le Duc de Mazarin, pour luy en être tenu compte par la Compagnie.

Qu'il demeureroit Capitaine de toute la milice de l'Isle.

Que les autres François anciens à Madagascar, seroient engagés au service de la Compagnie des Indes Orientales, repassés en France, ou payeroient reconnoissance pour les terres qu'ils cultiveroient pour eux,

eux, & feroient guet & garde.

Tous ces anciens habitans assemblés, ils furent leus & approuvez, excepté l'article qui touchoit l'employ du Gouverneur sur lequel il ne se voulut point determiner, les autres furent signés du President & du Gouverneur.

Le 14. à huit heures, tous les passagers & Matelots de nôtre Navire capables de porter les armes, furent conduits sur le rivage; & mis en ordre par un Lieutenant, je me rendis à leur tête au bruit du canon, & ayant obtenu attention, je les harangué dans les termes qui suivent.

Je ne m'étonne pas de cette grande joye que marquent vos yeux, & que vos bouches me disoient tantôt, compagnons, depuis France de toutes vos fortunes, & arrivé pour le même dessein, ie ressens autant que vous le plaisir d'être effectivement dans un païs si éloigné de celuy d'où nous

F

sommes partis, qu'à peine l'imagination pouvoit-elle faire concevoir une ferme esperance de l'aborder jamais. Nous marchons enfin sur cette terre si long-temps cherchée où le Printemps est éternel, & où l'or & les pierreries nous attendent pour nous combler de biens; sans doute que la possession nous en sera disputée: mais ce ne sera que pour la rendre plus precieuse: Il est de bons courages que toutes les richesses des Indes ne contenteroient pas, ils demandent la gloire, & l'acquisition en est icy d'autant plus belle qu'elle se gagne par des chemins inconnus presque à tous les hommes du monde d'où nous sortons. Ie promets que nous trouverons les moyens de faire arriver en France, les actions illustres avec toutes leurs particularités, les noms & la valeur de ceux qui les auront executés: tout le Royaume interessé dans l'établissement auquel nous allons travailler, les sçaura,

& vos amis aprés vôtre retour, vous rapporteront agreablement le bruit que vous aurés causé de si loin. Achevons resolument ce qui nous reste à faire pour arriver au temple de la Fortune & à celuy de l'honneur.

Ma demarche faisant ébranler toute la compagnie, le bruit des tambours étouffa celuy des voix qui m'étoient trop favorables, & nous avançasmes jusques à quarante pas prés la principale porte du Fort Dauphin : Là, je me detaché suivy de trois Mousquetaires, & rendant un double des articles signés, au Gouverneur à qui j'avois fait voir tous les pouvoirs que nous avions apportés pour occuper, je luy dis que je venois prendre possession de l'Isle de Madagascar au nom du Roy pour la Compagnie des Indes Orientales. Je le rencontré à l'entrée du Fort, entre deux files de Mousquetaires qui bordoient les deux côtés de la porte où il me vint recevoir. Le reste de ses soldats, lors environ quatre vingt, formoient un bataillon quarré au milieu de la place. Pour satisfaire à l'article de l'Inventaire de ce qui seroit resté appartenant à Monsieur le Duc de Mazarin: Je me le fis montrer & vis quatorze pieces de canon de fer sans affuts, cinq cens boulets, mille livres de chaînes, cent grenades vuides, cinquante balles ramées, peu de plomb, un baril de poudre, & rien qui ne se pût retrouver aprés nôtre entrée: l'écrivis une promesse qu'il en seroit tenu compte à Monsieur le Duc de Mazarin, & ayant envoyé dire au Lieutenant qui étoit demeuré à la tête de nôtre Compagnie, d'avancer; le Gouverneur me quittant le Fort au bruit de son canon & de celuy du Vaisseau, emmena soixante hommes qui sortirent aprés luy par la petite porte, & en laissa vingt pour corps de gardecommandé par son Lieutenant qui fut relevé par le nôtre.

CHAPITRE V.

Scituation de l'Isle de Madagascar. Abord, scituation & description du Fort Dauphin.

L'Isle vulgairement connuë sous le nom de Madagascar, sous celuy de Saint Laurens que les Portugais luy donnerent pour l'avoir découverte le jour de la Feste de ce Martyr, en l'année 1492. sous celuy de Madecase que les naturels habitans luy donnent, & sous celuy de Dauphine que les François luy ont depuis peu donné, tient depuis onze degrés, jusques à vingt cinq degrés cinquante minuttes de latitude Meridionale, qui est sa longueur, & en sa plus grande largeur depuis soixâte & douze degrés vingt minuttes, jusques à soixante & dix-huit degrés cinquante deux minuttes, & la pointe au Sud se courbe jusques à quatre-vingt trois degrés de longitude, le premier meridien pris sur l'Isle de saint Georges des Açores ; son tour à le faire sans circuire les ances & l'embrassant en toutes ses extremités, est de plus de huit cens lieuës Françoises. Cette Isle la plus grande des mers connuës, a été abordée de toutes les Nations de l'Europe qui navigent par delà la ligne, & particulierement examinée des Portugais, des Anglois & des Hollandois qui l'ont enfin entierement abandonnée, n'ayans pas la force de s'en rendre souverains. Les François qui se sont pris plus tard au grand commerce des mers des Indes, firent une Compagnie de Madagascar à Paris en l'année 1642. qui n'ayant pû avec un fond mediocre soûtenir les frais de cette

DE MADAGASCAR.

longue navigation qui d'abord ne leur fut pas fructueuſe, ſuccomba par la ruine des Aſſociés; & Monſieur le Mareſchal Duc de la Meilleraye voulant la continuër en ſon nom & à ſes dépens, y a à diverſes fois envoyé des Vaiſſeaux, des marchandiſes & des hommes qui ſans doute ne luy étoient pas d'un fond inutile : Si bien qu'occupans cette Iſle pour la Compagnie des Indes Orientales qui a été formée après la mort de mondit Sieur de la Meilleraye; il y avoit cent François vivans, deux à Galamboulle à dix-ſept degrés vingt-cinq minuttes de latitude, & ſoixante & dix-huit degrés trente minuttes de longitude; deux dans la petite Iſle ſainte Marie ſeparée de trois lieuës ſeulement de cette grande Iſle, & qui tient en latitude depuis ſeize degrés vingt-deux minuttes juſques à dix-ſept degrés vingt-deux minuttes, & en longitude depuis ſoixante & dix-neuf degrés vingt-huit minuttes, jusques à soixante & dix-neuf degrés quarante cinq minuttes en sa plus grande largeur; huit à Manambarre à vingt-cinq degrés de latitude & soixante & quinze degrés quarante cinq minuttes de longitude à six lieuës du Fort Dauphin, & le reste au Fort Dauphin siege du gouvernement & le capital de nos possessions. Il est scitué à vingt-cinq degrés dix minuttes de latitude & soixante & seize degrés de longitude, entre deux grandes pointes qui forment une ance de sept lieuës de tour, sur une petite langue de terre que les Negres appellent Tholanhare. La côte de toute l'Isle à demy lieuë loin du bord de la mer, est fort élevée, & les bayes presque semblables, ne permettroient pas de distinguer celle-cy après une absence médiocrement longue, si la hauteur ne la donnoit, quand on peut tirer de l'ombre du Soleil, ou

à son

à son defaut approcher le rivage & reconnoître pour marque infaillible, deux roches un quart de lieuë dans l'eau, contre lesquelles la mer brise & s'éleve : avant de mettre pied-à-terre, on peut joüir de l'agreable veuë de la ruine de cent mille grands arbres que la vieillesse a desornés de leur verdure qui est là perpetuelle à ceux qu'elle n'en dépoüille pas, ou que le feu du Ciel épargne : on descend par deux endroits le premier au fond du port, & on vient au Fort en marchant mille pas, & l'autre au pied d'une falaise qu'on grimpe difficilement quand on veut s'épargner un peu de chemin. Le Fort Dauphin a été designé quarré par celuy qui l'a commencé ; il a deux bastions demy élevés de caillous, qui commandent au côté du Nord, sur le port capable de tenir quatre Vaisseaux seulement à bon abry, l'enceinte du reste n'étoit que de pieux

G

gros comme le bras, lors que nous l'occupasmes, & la cimetrie contrainte à cent cinquante pas de long & à six vingt de large : la principale porte regarde l'Occident, & voit devant elle une petite prairie & un agreable païsage : l'autre opposée regarde l'Orient & la mer; dans ce fort étoit une Chapelle élevée de planches, capable de contenir cinq cens personnes, elle étoit servie par un Prestre Seculier, Docteur en Théologie que son naufrage au Cap bonne Esperance, allant à un autre dessein, avoit amené dans le dernier Navire qui avoit abordé Madagascar, & reconnu ce Cap auparavant, où il l'avoit pris; il étoit pour lors le seul Prestre à Tholanhare; un Missionnaire de la maison saint Lazare, étant depuis peu de temps passé au pais des Matatanes à vingt-deux degrés quinze minuttes de latitude & soixante & dix-sept degrés de longitude, pour travailler au progrés de la Religion Chrétienne : La maison du Gouverneur que les Negres appellent Donac, comme les maisons de leurs Grands, étoit aussi élevée de planches, un magazin & vne cuisine de pierre, douze cases quarrées & le corps de garde de joncs hauts de huit pieds, remplissans les espaces vuides d'entre les pieus qui les maintenoient : Des feüilles longues de deux pieds & demy, larges de demy pied & de l'épaisseur d'un écu d'argent, couvroient tous ces logemens, attachées sur des bâtons qui formoient la proportion : Des baguettes droites & longues traversoient le dedans des cases, pressées sur d'autres baguettes éloignées de deux pieds en deux pieds, ausquelles elles étoient liées avec une herbe aussi menuë & aussi forte qu'un lacet de soye, & faisoient des planchers tres-propres : Le Gouverneur avoit fait jetter des fondemens

G ij

& donner quelque chose de plus, pour une maison qu'il pretendoit rendre son azile à l'extremité, dont nous trouvasmes les attentes : à droit sortant par la principale porte du Fort, étoient les jardins du Gouverneur, & à gauche environ cinquante cases bâties comme celles que je viens de depeindre, & au milieu d'elles la maison des Missionnaires, une Chapelle & un Seminaire pour de jeunes Negres pris à la guerre, ou que les parens veulent bien donner: Chaque case étoit accompagnée d'un jardin aussi plaisant qu'utile.

Chapitre VI.

Etat des François dans l'Isle de Madagascar à nôtre arrivée.

La conduite du dernier Vaisseau que Monsieur le Mareschal

Duc de la Meilleraye ait fait fretter pour l'Isle de Madagascar, fut confuse & partiale : Le Capitaine Kercadiou n'avoit pouvoir que sur les Matelots & sur la route du Navire; un chef de colonie pour Monsieur de la Meilleraye, commandoit quatre-vingt hommes, & un Pere Missionnaire, le premier de deux qui faisoient le Voyage, étoit absolu sur vingt passagers qu'il disoit être à ses gages. Ils aborderent l'Isle à la fin du mois de Septembre de l'année 1663. & le trouble finissant dans le Navire par la sortie de ceux qui étoient destinés pour la terre, quelques-uns mécontens de leur Capitaine, le quitterent pour se ranger sous C, à qui Monsieur de la Meilleraye envoyoit une Commission pour demeurer Gouverneur du Fort Dauphin, & commandant des anciens François dans l'Isle, qui pour lors n'étoient pas plus de soixante & dix : Il se fortifia des nouveaux venus qui s'offrirent à luy, & la commodité où il se trouva, de mieux faire subsister ses gens en attirant beaucoup d'autres, ce chef de colonie en retint fort peu, & se vit avec chagrin, obligé de recevoir l'ordre absolu du Gouverneur. La guerre s'ouvrit contre les Negres qui avoient refusé tribut, tous les troupeaux des Grands des Provinces de Fanghaterre & de Mandrerei, depuis vingt-quatre degrés quarante minuttes, jusques à vingt-trois degrés vingt minuttes de latitude, & depuis soixante & quinze jusques à soixante & seize degrés de longitude furent enlevés; & le Superieur Missionnaire pour faire subsister sa maison, & prendre une parfaite intelligence du païs, pour les fins qu'il se proposoit, méloit des gens de sa petite troupe, qui partageoient au pillage & ne manquoient pas de s'instruire.

Vne ombre d'empeschement à la souveraineté du Gouverneur, cessa d'être par la mort de ce chef de colonie: Les pretextes de des-union furent entierement éteints, & dans la réjoüissance des heureuses expeditions qui venoient de rétablir la domination Françoise; on ne sentit point que la guerre civile la vouluft déchirer. Le Gouverneur parfaitement obey envoya trente François à une plus grande course & à des victoires encore plus importantes que n'avoient été les premieres; toutes les Provinces où ils parurent s'assujettirent, & à la fin du mois de Février de l'année 1664. depuis la pointe de l'Isle à vingt-cinq degrés cinquante minuttes au Sud, jusques à vingt-deux degrés vingt minuttes, Madagascar étoit François.

Dans l'abondance que produisit la Paix, par la reconnoissance & les hommages de plus de trois cens mille hommes dans leur propre païs, qui envoyoient supplier cent cinquante exilés de ne leur pas ôter la vie, quarante des plus anciens François fatigués d'un repos qu'ils n'avoient jamais goûtés auparavant, n'ayans plus d'ennemis proches sur qui ils peussent se vanger de leurs vieilles playes ; resolurent de reparer magnifiquement les cicatrices qui leur en restoient : Ils obtinrent un commandant & commission, pour aller faire la guerre en la partie de la terre qui regarde la côte de Melinde, plus haut qu'ils n'avoient encore penetré : où ils pretendoient outre le butin ordinaire de quantité de bestiaux, trouver des Aiguemarines, des Emeraudes & des Rubis : Ils partirent pleins de riches esperances, & en laisserent beaucoup à ceux qui ne les accompagnerent pas : mais qui se proposoient un semblable voyage, quand la fortune de ces premiers, auroit illustré le Fort Dauphin. Cette expedition si éloignée, la paroissant beaucoup de pouvoir porter aucun trouble au centre de la puissance Françoise; nos conquerans se considererent en pleine paix, & le Superieur Missionnaire se souvenant que JESUS-CHRIST aime à y regner; aprés les drapeaux ployés, éleva le Crucifix & chercha à enroller de la milice sous cét étendart de salut: son grand zele voulant faire adorer le Createur à toutes les creatures; avant qu'il peust le prescher en langue qui fust entenduë de ceux qui ne le connoissoient pas encore, le fit commencer par la conversion qu'il esperoit faire d'un grand dont il jugeoit que l'action seroit de consequence.

Dian Mananghe la terreur de tous les naturels de l'Isle contre qui il avoit eu guerre, étoit venu en cét état redoutable, par la protection des François qui croyoient élever leur puissance en augmentant sa grandeur qui leur étoit tributaire : Il commandoit sur les habitans d'une grande étenduë de païs qui est depuis vingt deux degrés quinze minuttes, jusques à la pointe de l'Isle au Sud ; le courage des François, animant des corps d'armée que ce Negre mettoit sur pied ; les expeditions étoient glorieuses, les Negres devenoient plus hardis, marchans sur les pas de ce petit nombre d'intrepides ; & bien qu'ils vainquissent leurs ennemis quelquesfois aprés de longues resistances : Ils croyoient si bien n'étre vaillans que parce qu'ils avoient des François de leur party, qu'ils ne vouloient autre triomphe, que l'honneur de le suivre volontairement, au lieu que les vaincus le suivoient par force. Cette deference si soûmise leur étoit inspirée par Dian Mananghe qui les entretenoit des François comme d'hommes miraculeux, & qui fongeoit d'autant plus à les foûtenir dans cette eftime, qu'il avoit befoin de puiffans deffenfeurs contre beaucoup d'ennemis, & qui confideroit encore, que fi on tentoit fes fujets de revolte, ils en feroient retenus par la crainte d'être chaftiés par des invincibles qui le maintenoient : Il connoiffoit neanmoins fort bien, ce que pouvoient fi peu d'hommes fans affiftance : mais il voyoit bien auffi qu'ils pouvoient tout dans l'Ifle à la tête d'une armée de Negres, & que la victoire fe rangeoit en ces termes infailliblement de leur party. Ce grand par fa politique & fa jufte reconnoiffance, avoit employé tous fes moyens à acquerir cette vafte & paifible domination à fes protecteurs, & retourné chés luy, attendoit les occafions de leur rendre de nouveaux services: Le Superieur Miffionnaire qui avoit connu la facilité qu'avoit Dian Mananghe à se faire croire de ceux qui dependoient de luy, en regarda la conversion au Christianisme, comme un exemple qui se feroit suivre de cent mille autres conversions ; & la langue Françoise qu'il parle & entend fort bien, facilitant son instruction, il resolut de l'entreprendre & de le baptiser. Ce dessein communiqué au Gouverneur : Dian Mananghe fut prié par un Envoyé, de se rendre au Fort Dauphin : la proposition qui luy fut faite, le surprit. Le Missionnaire l'ayant exhorté long-temps & n'ayant rien obtenu, crut mieux abatre sa resistance par une grande menace, & luy declara que les François seroient ses ennemis, s'il ne se faisoit de mesme Religion qu'eux. Le Negre offrit ses enfans au Baptesme, s'ils le vouloient recevoir, dist qu'il ne s'opposoit point à ce que les personnes qui dependoient de luy, fissent sur ce point ce qu'elles trouveroient le mieux ; que pour luy, ayant long-temps vescu d'une mesme sorte ; il luy étoit impossible de quitter la pluralité des femmes, & de s'asujettir aux regles qu'il falloit suivre dans nôtre Religion : Le Missionnaire ayant recommencé de belles exhortations : mais qui tomboient dans un esprit mal preparé à croire la bonté d'un Dieu Crucifié, & ne l'émouvant pas ; reprit les menaces & l'ébranla encore par la crainte qu'il luy donna, de la guerre que les François iroient faire chés luy, pour enlever ses femmes s'il ne les quittoit. Dian Mananghe demanda quinze jours pour se resoudre, lesquels expirés, il promettoit de revenir : ce temps passé & le grand ne paroissant point ; le Gouverneur, sous pretexte d'une entreprise qu'il disoit avoir dessein de luy communiquer ; le fit prier d'envenir conferer, engageant sa parole pour entiere seureté de sa personne: Il se rendit au Fort ; où sans ouvrir aucune autre affaire, on luy demanda sa resolution sur ce qui luy avoit été proposé la derniere fois qu'ils s'étoient veus, & le Missionnaire le pressa de répondre à la grace qui se presentoit pour son salut : Ce Negre parut dans la mesme dureté qu'il avoit témoignée auparavant, & conclut qu'il luy étoit impossible de changer de vie : aprés cette declaration le Gouverneur ayant tiré le Missionnaire un peu à l'écart du Negre, luy dist qu'il ne pouvoit souffrir l'obstination de cét infidelle, que puis qu'ils étoient dans une pleine paix & n'avoient plus besoin de luy : Il ne seroit pas dangereux de le perdre, & qu'il luy alloit donner un coup de pistolet dans la tête : le Missionnaire s'opposa à cette execution, pria le Gouverneur de laisser agir le saint Esprit, & que peut être maintenant ce Negre avoit-il changé de dessein. Dian Mananghe defiant & rusé reconnoissant sur ces deux visages qu'il consideroit dans leur entretien, qu'il se formoit une batterie violente contre sa resistance; commença de craindre tout de bon, & lors que le Missionnaire le remit sur son instruction à la Foy & son Baptême : Il quitta les refus & s'attacha adroitement à des objections que le Missionnaire surmonta, & enfin prit jour pour aller chés luy le preparer à recevoir le Christianisme. Dian Mananghe échappé du peril qu'il croyoit avoir couru, arriva dans son Donac dans le païs des Machicores, à vingt-cinq lieuës du Fort Dauphin, à vingt-quatre degrés quarante minuttes de latitude, & soixante & onze degrés cinquante-cinq minuttes de longitude, l'esprit plein d'inquietude; & s'entretenant dans une humeur melancholique & sombre, témoigna une tristesse desesperée à tous ceux qui le virent. Un de ses fils qui avoit été baptisé dés long-temps avant l'arrivée de ce dernier Vaisseau, par un autre Missionnaire qui étoit mort depuis, sçachant que celuy cy devoit venir à jour donné, & jugeant que son pere étoit dans une irresolution étrange sur ce qu'il executeroit : pour satisfaire à sa pieté, vint avertir le Missionnaire de l'état où il connoissoit son pere, & le prier de ne se hazarder point à se rendre chés luy que les apparences ne fussent plus favorables : Le grand zele & l'esperance que Dieu feroit des miracles pour élever cette Eglise naissante, l'emporterent sur la prudence humaine, les avis des hommes furent negligés & l'inspiration fut suivie : Le Missionnaire accompagné seulement d'un frere, d'un autre François & de six Negres

gres qui portoient des ornemens & choses necessaires à dire la Messe & administrer le Sacrement de Baptême, partit au commencement de la quatriéme semaine du Carême de l'année 1664. & arriva quatre jours aprés chés Dian Mananghe : Ce grand le receut avec respect : mais à l'explication que le Missionnaire fit du sujet de sa venuë, il eut un refus absolu du Negre, qu'il ne luy servit de rien de prier, d'exhorter & de prescher : Ce Pere d'une chaleur qui du feu de son amour, alloit tirer la ruine de ce qu'il avoit de perissable ; declara la guerre à Dian Mananghe, l'embrazement de ses Villages & l'enlevement de ses femmes : le grand d'un air qui sembloit affermy, protesta qu'il regretoit beaucoup de perdre l'amitié des François, & qu'il ne se rangeroit point à cette extremité, s'il luy étoit possible de faire autrement. Pour com-

H

mencer à traitter en ennemy, sans neanmoins encore le paroître, Dian Mananghe fit empoisonner le Missionnaire, le Frere & l'autre François au dernier repas qu'ils prirent : Le Pere ne se sentant pas si dangereusement possedé, menaça encore en sortant, & le Negre faisant toûjours mine de ne vouloir point manquer à luy faire honneur : s'opiniâtra à l'accompagner, pour, disoit-il, l'escorter jusques hors de dessus les terres de Mandrerei. A trois lieuës du Donac de ce Grand, le Frere Missionnaire mourut aprés de courtes plaintes, & Dian Mananghe s'impatientant de la lenteur du poison qui n'operoit pas si vîte sur les deux autres, les fit assommer à coups de baston : payant ainsi d'une double mort, celuy qui cherchoit à luy donner une seconde vie.

La fureur de ce Negre ne s'assouvit pas par cét épouvantable parri-

DE MADAGASCAR.

cide : étant informé du Voyage qu'avoient entrepris ces quarante François qui croyoient courir à de grandes richesses & à une fortune asseurée, & ayant charge de les aider : il envoya un de ses fils à son beau-frere Lavatangue grand du païs qui est depuis vingt-deux degrés vingt minuttes de latitude jusques à vingt trois degrés & demy, & depuis soixante & onze degrés quarante-quatre minuttes jusques à soixante & douze degrés quarante sept minuttes de longitude, contre qui il avoit auparavant porté la guerre pour le service des François; Il offrit un corps d'armée qu'il devoit fournir pour soûtenir cette derniere expedition ; à ce beau-frere pour l'y opposer. Il étoit si bien étably de creance envers tous ses sujets, qu'il leur persuada ce qu'il voulut, & se disant inspiré de son Auly : il publia que les François étoient maudits ; parce qu'ils

H ij

s'étoient attaqués à détruire ses Mysteres, & devenus incapables de vaincre. Le fils de Dian Mananghe eut ordre d'asseurer Lavatangue des mesmes choses, & il luy écrivit que pour gage que ce qu'il luy mandoit étoit vray; il luy donnoit son fils à mettre à la tête de ceux qui combattroient les François. Lavatangue bien averty qu'on devoit passer chés luy, se tint sur ses gardes, & deux jours après l'arrivée de son néveu, ses espions rapporterent que les François étoient campés à une lieuë de la Ville où il étoit. Le massacre chés Dian Mananghe avoit été fait, depuis qu'ils étoient partis du Fort Dauphin. La grande vitesse des Negres qu'il envoya, avoit passé en huit jours quatre-vingt lieuës de chemin, au travers des bois, des rivieres & en grimpant des montagnes ; & les François n'en pûrent faire cent qu'en cinq semaines. Lavatangue les fit visiter, leur fit presenter du ris, du miel & quatre bœufs, les fit prier de dire le sujet de leur Voyage, & à quoy il les pouvoit servir: par la réponse du Chef, Lavatangue connut qu'ils ne venoient pas pour composer; mais pour prendre en Maîtres absolus; & bien qu'il eust le secours & les asseurances de son beau frere qui cessoit d'être son ennemy: Le nombre de quarante François l'étonnant (car, jamais le païs n'avoit été penetré si avant, par tant ensemble) il les fit supplier d'accepter quatre mille bœufs qu'il leur feroit conduire, & de ne luy porter point plus grand dommage, dans leur passage: Ils les refuserent & en voulurent avoir quarante mille qu'ils sçavoient qu'il possedoit. Ce Negre desesperé du mauvais party qu'on étoit resolu de luy faire; & animé encore par le fils de Dian Mananghe un autre que celuy qui avoit été Baptisé, chercha son salut dans sa rage, & impatient, pour prevenir l'attaque ou la chasse des François, leur envoya une vache rouge & leur designa le combat au lendemain. Ces hommes qui avoient vaincu la necessité, qui cent fois pressés d'une multitude d'ennemis, les avoient intimidés & battus, qui avoient eu l'intelligence & l'addresse de se servir d'une partie des forces de ceux qu'ils vouloient conquerir pour assujettir l'autre, qui avoient déja fait cent lieuës pour un dessein, au succés duquel ils imaginoient de tres-grands avantages; oublierent l'heure désignée d'une bataille, & au point de l'execution, dispersés dans un champ où croisoient les canes de sucre, en ceüillirent & en lierent en fagot autour de leurs fusils. Lavatangue trop ponctuel les trouva dans ce desordre, & rougit cette victoire de tout leur sang. Ce succés fut rapporté par un Portugais qui depuis long-temps à Madagascar, se mit avec ces François, à la queste d'une bonne fortune, & de qui elle prit un soin plus particulier, bien qu'elle ne luy donnast pas, ce qu'il en esperoit : Il échapa à la faveur des buissons qui le cacherent à l'exacte tuërie que Lavatangue faisoit faire, & aprés beaucoup de peines à fuïr toûjours la veuë des Negres, arriva au Fort Dauphin, où il conta cette catastrophe qui fut cruë, sans soupçon que le Portugais eust trahy ses Compagnons.

Les Negres qui avoient suivy le Missionnaire, n'ayans pas été envelopés dans sa mort, & Dian mananghe ayant bien voulu les laisser vivre; s'étoient rendus à ce Fort, long-temps devant la nouvelle de ce dernier mal-heur. Les François qui pour perdre Dian Mañanghe, y attendoient le retour de ceux qui étoient en party, furent extraordinairement étonnés de l'evenement funeste de celuy-là chés Lavatangue : Les passions parurent alors differentes, la crainte auparavant inconnuë, dans une occasion si pressante, sembla aussi forte que la colere ; & à peine les plus resolus pûrent-ils resoudre les autres à desemparer le Fort pour courir à la punition de l'empoisonneur, qu'ils estimoient aisée. Le courage s'étant neanmoins, aprés un long combat, rendu maître de ceux qui eussent rougis d'être accusés d'en manquer : Bien plutost que de prudence dont ils couvroient leurs refus : Un Prestre Missionnaire seul restant de ceux qui étoient venus de la maison S. Lazare de Paris, deploya le drapeau dont il voulut être porteur ; & le Gouverneur à la tête de trente François & de peu de Negres, marcha vers la demeure de Dian Mananghe. Ce grand étant adverty

qu'ils

qu'ils approchoient, soit qu'il les craignist effectivement, ou qu'il le voulust témoigner, pour leur faire ralentir de leur vigueur qu'ils croiroient ne devoir pas mettre toute en usage, pour vaincre des gens épouvantés, quitta son Donac & sa Ville ; & se retira aux environs, avec quatre mille hommes armés separés en plusieurs troupes. Le Gouverneur occupa le Donac, planta des sentinelles & fit faire garde reguliere. Au commencement de la nuit, Dian Mananghe faisant feu pour feu ; & répondant aux coups de fusil que les sentinelles tiroient lors qu'il se presentoit quelques ennemis ; par d'autres coups de fusils qu'il avoit eus des François mesme, lors qu'il se battoit pour eux, approcha le Donac & le fit environner. Le Gouverneur faisoit tirer, mais n'osoit sortir, l'obscurité le faisant craindre d'être attrapé dans quelque embusche que ces Noirs, vrais enfans de la nuit, se rendroient favorable. Dian Mananghe tâchoit d'allumer un jour qui n'eust pas été moins terrible; & jettant du feu sur son Donac dont la couverture étoit de feüilles déja seches, & l'elevation de planches : vouloit contraindre les François à brûler, ou à s'enferrer dans les pieges qu'il leur avoit dressés : Le feu ne prit pas, & l'aurore qui parut, fit cacher ces assiegeans nocturnes. Les François pressés de la faim & de la soif qu'ils enduroient ; & moins resolus à chercher Dian Mananghe, qu'ils n'étoient auparavant, envoyerent d'un côté où ils jugeoient qu'on ne rencontreroit point d'ennemis, quatre hommes de leur troupe avec des Noirs pour apporter de l'eau au Donac où les autres les attendoient ; & y amener quelques bœufs, cabrits, poulles, ou se charger de racines s'ils ne trouvoient

DE MADAGASCAR. 99
autre chose. Leur vigilant adversaire découvrant ce qu'ils entreprenoient, & un peu ce qu'ils pensoient, à la tête de vingt de ses Negres fuseliers, & de trois cens qui avoient ordre de combattre à coups de main, se presenta aux sentinelles, & les poussa au Donac, où faisant faire une décharge sur les François qui se montrerent : il en abattit quatre morts, en blessa d'autres; & fit & laissa fuïr ceux qui voulurent se retirer ; tandis qu'un autre party de ses gens expedioit les quatre picoreurs. Les François si mal traittés songerent à regagner le Fort Dauphin, ne se pouvans croire en seureté ailleurs qu'où ils auroient du canon pour se deffendre ; & étant necessaire de repasser la riviere de Mandrerei ; ils cheminerent cherchans un endroit commode. Dian Mananghe qui les vouloit faire perir par la faim, ou vagabonds sur les terres de gens qui

ne les épargneroient pas; s'appercevant aſſés de ce qu'ils tenteroient d'executer, avoit le premier paſſé la riviere, ſans que les François s'en doutaſſent, & faiſant épier leur marche par un ſeul Negre qui paroiſſoit du côté oppoſé à celuy qu'ils tenoient, ſe couvroit des bois & faiſoit autant de chemin qu'eux. Un matin à la pointe du jour le Gouverneur tâtant le gué pour traverſer l'eau, ſon ennemy luy apparut à l'autre rive, vêtu du ſurplis du feu Miſſionnaire, & coëffé de ſon bonnet, qui en cét état, commandoit à ſes gens de garder le bord de la riviere, & de n'en laiſſer ſortir perſonne. Dans cette dure extremité le Miſſionnaire qui portoit l'étendard, fit lever les yeux à tous les François, vers la Croix qui y étoit figurée; & preſchant le merite du Martyre, tâcha d'en inſpirer la patience à ſes Auditeurs: Ils ſortirent neanmoins de l'eau, &

DE MADAGASCAR.

camperent dans une petite plaine, n'ayans que le courant qu'ils n'osoient traverser, pour satisfaire leur soif, & des racines dont ils ne sçavoient pas les qualités; pour rassasier leur faim. Ils auroient pery absolument; & ils connoissoient eux mesmes qu'ils choisissoient une mort languissante, au lieu d'une prompte qu'ils auroient trouvée, s'ils eussent voulu forcer le passage. La providence du Ciel avoit regardé toute cette partie, & le Souverain des Etres y preparoit un remede qui arrivé en un temps qui le demandoit precisément, montre que c'est l'effet d'une sagesse infinie; bien plutost que celuy du jeu du hazard, ou de l'exactitude de la prudence des hommes.

POur amener ce secours, je trouve à propos d'en faire partir la cause secōde: & cōme le personnage qui a merité toute la gloire de l'action, est venu à celle-cy, par quanrité d'autres qui peuvent aider à une intelligence parfaite, & plus reculée de l'état des François dans l'Isle : Je le prendray à la Rochelle, lieu de sa naissance, & le feray arriver à Madagascar en l'année 1656. Il se nomme le Vacher de son nom de famille ; & la Case est celuy duquel il s'est fait appeller, depuis qu'il a quitté ses parens. Son inclination l'embarqua dans un des quatre Vaisseaux commandés par le Capitaine la Roche qui entreprenoit le Voyage pour Monsieur de la Meilleraye : Ce Capitaine trouva au Fort Dauphin, les François dans un grand calme : mais les Negres leurs tributaires en guerre contre leurs voisins, pour soûtenir les reproches qu'ils leur faisoient à main armée, de s'étre soûmis à de mal-heureux fugitifs que les crimes, disoient-ils, ou la necessité de moyens, avoient fait sortir de leur pais : Les François dans l'Isle, attendoient chés eux le bruit des succés; & étans en trop petit nombre pour se disperser, ne se mesloient au jeu que d'affection pour ceux qui confirmoient leur servitude de toutes leurs forces : à la venuë de ces Vaisseaux, ils resolurent de combattre eux mesmes pour leur querelle; & laissans une garnison suffisante au Fort Dauphin, envoyerent à chaque grand qui payoit tribut, des François pour aider à défaire leurs ennemis communs : La Case & un autre qui y mourut presque aussi-tost, eurent leur quartier chés Dian Rasissate grand de la Vallée d'Amboulle depuis vingt trois degrés cinquante minuttes, jusques à 24. degrés 24. minuttes de latitude & soixante, & quinze degrés vingt minuttes jusques à soixante & quinze degrés cinquante minuttes de longitude: La Case n'y demeura pas longtemps sans trouver les occasions qu'il cherchoit : car Dian Ramaël grand dans la Province de Mandrerei, qui continuoit à vouloir ruiner les François, & ceux des Negres qui les maintenoient : entra sur les terres de Dian Rasissatte; & avec quinze mille hommes, qui étoit deux fois autant que son ennemy en pouvoit mettre sur pied, une partie desquels, il avoit euë de Dian Dalasse grand de la Province de Fanghathere : brûla un village & menaça hautement qu'il mettroit le feu à toutes les habitations, & à tous les plantages de la vallée d'Amboulle ; ou qu'il occuperoit le païs. La Case prit la campagne ; & n'entendant pas encore bien la langue de l'Isle ; & ne pouvant faire entendre la sienne aux Negres : il se mit à leur tête sans donner d'ordres dont il laissa tout le soin à Dian Rasissatte, & à ceux qu'il voulut choisir pour commander sous luy. Les armées se ren-

DE MADAGASCAR. 105
contrerent aprés le premier jour de marche de celle de nôtre allié, & l'avant-garde de celles des Ennemis, ayant été épouvantée par la mort de Ramaël que la Cafe, à qui il fut montré, renverfa d'un coup de fufil; prit la fuite aprés avoir lancé fes premieres fagayes; & intimida le corps qui la devoit foûtenir: De forte que les partis ne fe mélerent point: mais la queuë des fuyards, fut accourcie de quatre à cinq cens hommes. Cette déroute fit de Dian Dalaffe auparavant feulement auxiliaire de Ramaël, le capital ennemy de Rafiffatte, & adverty par les premiers coureurs, que fes fujets revenoient en fon païs: il leur envoya ordre de l'attendre dans la Province de Mandrerei: trois femaines aprés, il les joignit avec de nouvelles troupes, & n'avança guere fans trouver la Cafe qui venoit au devant de luy. Ils fe chargerent, & les coups

d'armes à feu, n'ayans pas été si heureusement addressés qu'au combat precedent; aprés que chaque Negre eut jetté quatre sagayes, qu'il portoit pour darder, tous vinrent aux coups de main, avec une autre qu'ils appellent mere sagaye longue d'une toise & demie, & ferrée des deux bouts, mais perçante seulement par un. La Case qui avoit cru que l'épée ne le serviroit pas si bien que cette sorte de demy-pique; en poussa des coups terribles dans ces grands corps nuds; & provoqué au combat seul à seul par Dian Dalasse, luy ouvrit la cuisse d'une grande playe; aprés en avoir été blessé dans le bras. Ce Negre par terre, à la discretion de son Vainqueur, fut fait prisonnier & ses gens mis en fuite. La hardiesse de la Case à se méler avec les Ennemis, sa vigueur & son addresse à les battre; & le duel par lequel il venoit de donner la mort à la fureur des peuples de deux grandes Provinces en faisant leur chef prisonnier, disposerent les esprits des Negres à une extrême veneration; & bien qu'il soit de leur politique de ne pardonner jamais à ceux qui leur ont voulu nuire, & à ceux qu'ils ont offensés: ils souffrirent sans murmurer, qu'il redonnast la liberté à Dian Dalasse, à condition de tribut que ce grand promit de rendre tous les ans au Fort Dauphin.

Les François qui avoient été envoyés pour aider Dian Bel & Dian Raval grands des Ampatres, à vingt cinq degrés trente minuttes de latitude & soixante & quatorze degrés de longitude, qui étoient attaqués de leurs ennemis Dian Siandrin de cette mesme Province, & des grands Souverains de celle de Caranboulles & des Mahafalles à la pointe de l'Isle au Sud, depuis soixante & onze degrés vingt minuttes jusques à soixante & quinze degrés de longitude: ou moins heureux ou moins vaillans, soûtenoient à peine; & un plus grand secours ayant été cru necessaire, pour maintenir la domination Françoise ébranlée de ce côté: la Case fut mandé de chés Dian Rafissatte; & avec dix autres François dont on luy donna la conduite, il fit courir des Negres devãt luy pour avertir qu'il marchoit au secours des alliés. La fortune qu'il avoit euë dans la partie Septentrionnale de l'Isle, le suivit dans la Meridionale: mais son jugement luy representant qu'il falloit parfaitement s'asseurer de la pointe de l'Isle: il dépoüilla de leurs Provinces, les grands qui avoient été vaincus, & les envoya au Fort Dauphin, avec beaucoup d'autres prisonniers, à la discretion de D. R. & de C. qui gouvernoient, par l'ordre desquels ils furent tous sagayés. Ce fut en ce temps que la puissance de Dian Mananghe qui commandoit auparavant, seulement vers les frontieres au Sud de la Province d'Anossy, celle où est scitué le Fort Dauphin, & le long de la Riviere de Mandrerei : s'accreut beaucoup par l'investiture qu'on luy donna des païs conquis; en nommant neanmoins d'autres grands qui luy devoient obeïr; & à la charge à luy de n'y agir qu'avec deference à la volonté des Gouverneurs François.

La Case extrémement redouté & surnommé Dian Pousse, du nom d'un grand d'autrefois qui avoit assujetty toute l'Isle, & dont les Negres ne disent pas moins de miracles de valeur en leur guerre, qu'on nous en conte d'Alexandre: par la force d'un trop grand merite, devint tres-malheureux; & n'étant pas le premier en commandement, commença à être persecuté de l'envie de ceux qui s'étoient asseurés de la superiorité : Il avoit paru d'une conduite tres-capable de captiver la nation ; & ayant apris la langue Madecasse, il fit écouter ses harangues qui s'accommodoient parfaitement au genie des Negres qu'il avoit eu l'esprit de bien connoître. Cependant on luy refusa toute sorte d'employ permanent qui le differast des moindres ; & aprés avoir surmonté tout ce qui paroissoit d'obstacle à la puissance Françoise, été reconnu luy seul de tous les vaincus pour celuy qui les avoit assujettis : il se vit contraint à l'exercice de simple sentinelle ; & comme ce qui l'y retenoit, étoit l'envie qui s'attachoit à sa gloire : il entendoit avec beaucoup de douleur, les diminutions que l'invention de la jalousie y vouloit donner. Dian Rasissatte outre le tribut ordinaire, envoya des presens au Fort, pour obtenir que la Case, qu'il appelloit son protec-

DE MADAGASCAR. 111

teur, luy fuſt rendu en cette qualité; & faiſoit des ſollicitations continuelles qui ne lui gagnoient point ce qu'il demandoit. L'affection qu'il luy portoit, le fit hazarder preſque à ſe perdre, pour le r'avoir; & jugeant que la guerre le devoit appeller neceſſairement : il la fit commencer avec d'aſſés méchans ſuccés, contre Dian Pan grand dans le païs des Machicores; & en prit pour pretexte, des paroles injurieuſes aux François, qu'il avança luy-meſme. Il ne luy fut point envoyé au beſoin qu'il témoigna en avoir : mais à la mort nouvellement ſurvenuë, d'un Officier Enſeigne : La Caſe ayant pourſuivy cette place, & en ayant été refuſé : il en parla d'abord avec dépit; puis avec menace, & aprés ſongeant qu'il n'étoit pas ſeur de ſe tenir ſous la puiſſance de gens à qui il avoit peut-être fait peur; il abandonna l'habitation Françoiſe, emmena

cinq François & trois cens Negres qui conduisoient leurs bêtes, & portoient leurs commodités. Vne desertion si notable ne put être secrette, & les ordres furent donnés presque incontinent de suivre ceux qui se retiroient, & de les combattre : Le premier fut executé si nonchalamment, qu'ils ne furent point atteints ; & arriverent chés Dian Rasissatte, sans avoir trouvé d'opposition au dessein qu'ils en avoient eus. La Case receu comme un Dieu tutelaire, & dans une absoluë disposition de tout ce qui obeïssoit à Dian Rasissatte, n'apprehenda pas d'être forcé, aussi ne pensoit-on pas à l'entreprendre, & voyant la guerre ouverte à la partie Occidentale de Madagascar : il se prepara à la finir, & en vint à bout en obligeant Dian Pan à un tribut annuel au Fort Dauphin, de cent onces d'or, deux cens bœufs & trois cens panniers
de

de racines. Il ne tendoit point à la revolte : mais à s'écarter du mépris : car il ne difpenfa pas mefme fon hofte, du tribut accoûtumé. Dian Rafiffatte pour defennuyer la Cafe pendant la paix, dont il paffoit le temps à Amboulle, luy avoit donné fa fille appellée Dian Nong belle entre les Negres ; & étant mort, bien qu'il eût laiffé des fils, l'amour prevalut fur la juftice, & Dian Nong fut declarée grande & fouveraine de la Province d'Amboulle. La Cafe la maintenoit en ce rang, & elle pour s'y affeurer luy en rendoit tous les honneurs ; de forte qu'il gouvernoit la Province & la Princeffe. Le reffentiment ne luy fit rien concevoir de funefte à fes compatriotes ; encore qu'il peuft les détruire, & qu'un fujet affés violent l'en vint de nouveau folliciter. La haine qu'il avoit gagnée par fes grands exploits, & peut-être meritée en politique reſ-

K

pective, n'étoit point diminuée dans l'esprit de C ; & dans la plus grande tranquillité, il choisit des hommes affidés qu'il envoya avec ordre de tuër la Case & ses compagnons aux lieux où ils les trouveroient : Ils en assassinerent un, ce qui fit mettre les autres sur leurs gardes ; & les grands des Provinces au Nord, vaincus par la Case, apprenant qu'il étoit luy-mesme contraint de se defier des François, reprirent leur premiere independance. On veilla exactement dans tout le païs d'Amboulle, pour la conservation de Dian Pousse, le soin du tribut fut abandonné, & les conquestes si difficiles à retenir, que les nouveaux grands des païs conquis au Sud, refuserent d'obeïr à Dian Mananghe qui leur avoit été donné pour grandissime : mais qu'enfin ce Negre soumit aidé d'un party de François.

La Case connoissant le prejudice

de la desunion, avoit resolu de venir demander la vie sans employ, & vouloit prier d'étre laissé en un païs duquel il payeroit tribut au Fort Dauphin, & le feroit payer par tous ceux qui se vantssoint déja d'en étre exempts: mais il en fut détourné par l'execution sanglante que C. fit faire sur quatre Soldats. A une reveuë de tous les François au Fort; il les choisit, les accusa d'avoir conspiré, avec huit autres à qui il dist qu'il pardonnoit, de se saisir du premier Vaisseau qui aborderoit l'Isle, & incōtinent les fit pistoler. La Case entendit le bruit des coups, il craignit un si grand danger qu'on couroit si brusquement, & se resserra au milieu de sa garde ordinaire de trois cens Negres. Son amie Dian Nong faisoit veiller à leur seureté commune, par des espions qui remarquoient tout ce qui se passoit au Fort Dauphin; qui rapporterent que D. R. s'étoit embarqué dans un Vaisseau Hollandois qui avoit pris des eaux à Madagascar, & faisoit voile pour Batavia ; & que C, qui auparavant n'ordonnoit que par souffrance de celuy cy, étoit resté seul, avec la nomination pour le pouvoir absolu, dont D. R. avoit promis de luy faire venir les Commissions de Monsieur de la Meilleraye qu'il esperoit aller trouver en France par la premiere Flotte qui sortiroit de Batavia pour Messieurs les Etats de Hollande. La Case se trouvant plus éloigné que jamais, de se rétablir avec ses compatriotes, se soûtint en Negre souverain ; pendant que les François dans leurs habitations, diminuans beaucoup par les maladies qui en emportoient, furent reduits à moins de quatre-vingts. Vn Capitaine commandant une Fregatte nommée l'Aigle-Noir, partie de France pour écumer la mer Rouge, ayant aussi perdu de ſes hommes, propoſa à C. l'embarquement de luy & de ſes gens; & ſa part en la courſe: Il le refuſa, ſur l'eſperance de recevoir prompt ſecours de Monſieur de la Meilleraye; & connoiſſant que quelques uns de ſes Soldats, vouloient accepter le party qui leur étoit offert en particulier ſourdement: il traitta le Capitaine en perſonnage dont il ſe defioit, & il ne deſcendit plus à terre ſans être épié ſoigneuſement ſur ce qu'il y faiſoit. Les tributs venoient lentement, les païs d'où Dian Mananghe les tiroit avoient été ruinés par les guerres preſque perpetuelles que les François y avoient portées pendant plus de vingt années, ils y avoient enlevé toutes les bêtes, tué les grands qui les poſſedoient, & reduit les habitans à l'eſclavage & à la pauvreté: Les fortes contributions devoient arriver des Provinces voiſines d'Amboulle, qui s'étoient emancipées sur le different de la Case ; & qu'on n'attaquoit pas crainte de le mettre en un nouvel ombrage, & qu'il ne peust souffrir si prés de chés luy des Ennemis, qu'apprehendant, qu'ils ne luy minutassent une surprise parmy leurs autres desseins : il s'armeroit peut-être pour repousser, & donneroit le dernier coup à la ruine de sa nation en cette Isle.

Les François souhaittoient de changer de principale demeure, & passer toutes leurs forces chés Lavatangue grand du païs où est scituée la Baye Saint Augustin, à la partie Occidentale de l'Isle : mais les Hosties dans la Chapelle du Fort Dauphin consacrées par les Prestres Missionnaires qui étoient morts depuis ; les empeschoient de se bien resoudre ; & s'il leur paroissoit criminel de les laisser au hazard d'être découvertes par les Infidelles: Il ne leur sembloit pas moins dangereux de les porter à la guerre. Dian Mananghe beau-frere de ce Lavatangue, fut chargé de le faire parler sur des propositions d'alliance avec les François ; pour le disposer à recevoir leur voisinage & leur demeure sur la Baye Saint Augustin. Lavatangue répondit qu'il ne traittoit point avec des voleurs & des bannis: mais qu'ayant oüi dire qu'ils étoient nés sujets d'un Roy, s'il étoit pressé il s'embarqueroit en ses canots, pour aller faire amitié avec luy Dian Mananghe fit exercer quelques actes d'hostilité sur ses terres, & declara qu'il reviendroit avec une grande armée, pour le soûmettre.

Les choses étoient en cét état ; & les François plus affoiblis par la mort de dix ou douze, depuis le depart de l'Aigle-Noir, sembloient incliner plutost à leur aneantissement qu'à de nouvelles conquestes, quand le Capitaine Kercadiou arriva : il avoit été un des Capitaines qui avoient fait le voyage en 1656. sous la conduite de M. de la Roche, & connoissoit la Case dont il moyenna le rapel, avec promesse d'entiere seureté pour luy & pour ceux qui l'avoient suivy ; presque aussi-tost il eut ordre de C, à qui D. R. arrivé en France, avoit fait trouver necessaire d'envoyer la Commission de Gouverneur, de choisir vingt François ; & avec les Negres qu'il pourroit assembler, d'aller en party, six vingt lieuës avant dans l'Isle. Dian Manangbe aidé des François, visita & remit en tribut Dian Dalasse & Dian Pan, & attaqua Lavatangue qui perdit ses rodomontades dans un combat. Le Capitaine Kercadiou mena six François à Galamboulle, puis son Vaisseau rechargé, il reprit la mer & route pour France. Quarante autres François qui avoient

DE MADAGASCAR.

voient de grands & precieux desseins, y couroient, pendant que Dian Mananghe revenu, & peut-être trop indiscrettement pressé, joüa cette étrange Tragedie où il fit perir avec le Pere Missionnaire, les conquestes des François & tout le fruit de ses travaux; & fut ensuitte une forte cause de la defaite de ceux que Lavatangue assassina. Le Gouverneur reduit avec peu de Soldats, à une vengeance importante, avant de marcher chés Dian Mananghe, envoya des Negres chercher la Case, & luy porter ordre de l'y venir joindre sans delay. A ce commandement, la Case qui avoit pris plus de cinq mille esclaves & quinze mille bêtes, ne pouvant fier tant de têtes qu'à beaucoup d'autres: donna la liberté à la moitié de ses prisonniers, & laissa aller ses bêtes maigres: Il mit le reste à la conduite de dix François & de quatre mille Negres; & avec les dix

L

autres François & mille Negres tous les plus resolus de son armée; Il avança à grandes journées, & accourcissant son chemin autant qu'il étoit possible, rencontra des coureurs du Gouverneur, qui l'avertirent de l'endroit & de l'extremité où il étoit : Il le joignit avec son Camp volant, & sans se refroidir, l'ayant prié de tenir la tête de l'arriere-garde ; la Case entra le premier dans l'eau, & faisant bon feu sur ses ennemis : mais plus que toute autre chose sa terrible reputation, leur fit abandonner le bord de la Riviere qu'il passa : La nuit approchoit, & son dessein étant de prendre Dian Mananghe qu'elle luy deroberoit ; il poursuivit vivement les troupes de Negres où il le croyoit enfermé. Il addressoit heureusement, & ce grand alloit devenir grand miserable, si la prudence qui le croyoit attraper, ne luy eust donné le temps de se sauver.

Le confident ou favory de Dian Mananghe, desarmé du fusil qui étoit son arme ordinaire & qu'il ne vouloit pas perdre, car c'est une chose precieuse entre les Madagascarois, resta seul sur la route de la Case, pendant que son Souverain fuyoit : mais presque pris. Il se presente à luy, & l'attaquant à coups de pierre arrête le chef, & retarde toute l'armée. Il eust été aisé de le renverser : mais la Case le connoissant pour celuy qui n'ignoroit rien des intentions de Dian Mananghe, deffendit de le tuër, & luy offrit la vie ; pretendant sçavoir de luy, le lieu de sa retraite, & les moyens de le surprendre, ne voyant pas combien il étoit prest de ce qu'il cherchoit : Ce Favory s'opposa toûjours offencivement à la marche de la Case ; & faisant trop connoître qu'il demandoit sa mort avec celle du plus redoutable ennemy de son Souverain : la Case fit lancer des sagayes contre luy, & il tomba sans vie percée de sept coups. Le temps qu'on fut à l'épargner, & à se defaire de luy, procura la seureté de Dian Mananghe : car la nuit ayant rendu tous les objets noirs & méconnoissables, la Case finit sa poursuitte. Le matin ne luy ramenant aucun jour sur ce que Dian Mananghe avoit resolu : il joignit le Gouverneur, & l'accompagna au Fort Dauphin. Peu de temps aprés eux, ceux que la Case avoit quitté, pour venir au besoin le plus pressant, y arriverent avec un reste peu considerable du grand pillage qu'ils avoient fait, ayans trouvé à leur retour, des gros de Negres à qui la revolte de Dian Mananghe, avoit donné l'audace de se declarer ennemis, qui les surprirent & leur en enleverent la meilleure partie.

De cent soixante & dix François dans l'Isle aprés l'arrivée du Capitaine Kercadiou, quarante massacrés chés Lavatangue, trois empoisonnés, & assommés chés Dian Mananghe, huit tués de ceux qui couroient à la vengeance, & douze morts de maladie : me laissent appercevoir de pitoyables restes qu'il faut considerer reduits à d'exactes precautions, pour la seureté de leurs vies : car excepté Dian Nong grande d'Amboulle, Dian Ramousaye grand prés l'ance aux Gallions, à vingt cinq degrés & demy de latitude à la partie Orientale de l'Isle, & quelques Matatanois à vingt-deux degrés du mesme côté; tous les naturels de l'Isle qui connoissoient les François, étoient leurs ennemis : le nom de Dian Pousse étoit de deffence : mais les attaques de toutes parts, Dian Pousse avoit trop d'affaires ; & Dian Mananghe, que le desespoir d'étre jamais en amitié avec les François, avoit fait resoudre à se perdre, ou à les détruire, n'avoit plus de païs qu'où il campoit : Il furprenoit les gardes & enlevoit les bêtes à la portée du canon du Fort Dauphin, puis difparoiffoit, fans qu'on peuft rien entreprendre fur fes piftes qui finiffoient toûjours à l'entrée de quelque bois, ou bien il en faifoit marquer de fauffes, pour enfuitte donner aux endroits où il étoit le moins attendu. En cette preffe le Gouverneur fit clorre le Fort mieux qu'il n'avoit encore été, la deffence en étant neanmoins toûjours foible pour n'être que de pieus ; il fit creufer des foffés & les fondemens d'une maifon, & tirer de la pierre de roche pour la bâtir ; il referva ceux des François qu'il crut les moins capables de la fatigue d'un long voyage, pour aider à cét edifice, & donnant à la Cafe la Commiffion d'Enfeigne des François & de Capitaine commandant les partis dans l'Isle, la Case se mit à la tête de trente François, & des Negres sujets de Dian Nong & de Dian Ramousaye, pour aller chercher Dian Mananghe, & s'il ne le pouvoit joindre, retourner aux lieux d'où il étoit revenu, & piller le païs qui avoit été reconnu pour riche. Le Gouverneur devant, s'il se sentoit trop poussé, se renfermer dans la maison qu'il faisoit bâtir. La Case en campagne n'apprenant rien de Dian Mananghe, poursuivit sa route, & passant aux Matatanes, fortifia son armée de cinq cens sujets de Dian Ramahaye & de Dian Ramahyrac qui s'étoient maintenus alliés des François.

Dian Mananghe sçachant la Case éloigné, éclairoit de tous les côtés, & enfin battit si bien les environs du Fort Dauphin; qu'il y resserra tout le reste des François, & les assiegez. Les chaisnes de fer & les balles ramées n'étans pas pieces que ses Partisans peussent encore digerer, & le canon un instrument auquel ils ne s'accoûtumoient point ; il se retira, après les avoir reduits à n'avoir que la mer libre, pour échapper à sa puissance, s'il avoit continüé son entreprise. Il fut informé par ses espions, que les François s'étoient fiés aux Matatanois, de la garde de mille bœufs; il marcha en leur païs, & enleva ces bêtes qui servirent à son armée. Le Gouverneur se croyoit abandonné de ce diable volant, & n'en ayant pas oüi parler depuis vingt jours qu'il avoit employés à son expedition aux Matatanes ; s'emancipa de faire sortir six cens bêtes qui avoient été tenuës cachées dans un precipice chés Dian Ramousaye, les fit amener à Mananbarre à six lieuës du Fort Dauphin, & les donna en garde à son Lieutenant qu'il y envoya commander dix François & deux cens Negres ; la veille saint Charles, ce Lieutenant s'étant fait apporter au Fort Dauphin, pour y passer le jour de la Feste du Gouverneur avec luy. Dian Mananghe à minuit d'entrer la veille & le jour, arracha des pieus de ce petit Fort, & l'alarme donnée par une Sentinelle qui s'en étoit apperceuë bien tard; les François surpris se cacherent, quatre-vingt des Negres furent tués, & les six cens bêtes prises. Ces accés comblerent les François de desespoir, se voyans à la veille de perir par la faim aprés avoir évité un autre genre de mort. Raisonnans sur la source de tant de mal-heurs ; ils oserent accuser le Pere Missionnaire d'en être la cause, & ne gardans plus de mesures à s'en plaindre ; s'échaperent à des discours insolés. Le Missionnaire qui avoit porté l'étendard chés Dian Mananghe, prescha qu'il avoit eu des revelations qui l'asseuroient que le Peré deffunt étoit receu dans la gloire Apôtre & Martyr, que ses prieres conservoient ce qui restoit de François, dont la plus grande partie meritoit par ses déportemens, des peines plus rudes que celles qu'ils souffroient; & qu'il excommunieroit ceux qui parleroient irreveremment de leur Protecteur. Le Gouverneur joignit des menaces de punition exemplaire du bras seculier, à celles de la censure Ecclesiastique. Dãs une moderation contrainte & un train de vie languissante pour le General; quelques-uns laisserent leurs ressentimens à la confession qu'ils firent avant de mourir; & la Case arriva qui retint les autres qui se pressoient de les suivre. Cinq mille bêtes, la veuë de leurs compagnons, & la deffence de Dian Pousse apporterent un si grand changement en l'esprit des François: qu'ils éclaterent entr'eux en des réjoüissances aussi grandes, que l'avoit été leur abattement, & toûjours dans une si juste reconnoissance pour la Case qui les secouroit si à propos, que par un dire commun, ils l'appelloient leur liberateur & leur pere nourricier.

Les fondemens de la maison du Gouverneur étoient bastis, & ne pouvant guere souffrir la Case auprés de luy; il étoit sur le point de le faire partir, pour une autre course au mesme côté: car de chercher encore Dian Mananghe; si ce n'étoit perdre le temps, ç'eust été mettre ce qui restoit de Negres alliés, à une épreuve delicate de leur fidelité, sur l'effet de ce qu'il promettoit de brûler leur païs s'ils l'entreprenoient, protestant au contraire de ne point exercer d'actes d'hostilité contr'eux, s'ils ne s'employoient point contre luy.

Les droits du Gouverneur étoient grands sur le pillage: la part faite aux Negres qui étoit du tiers du tout ; il levoit la dixiéme du reste pour luy, puis les deux tiers du surplus pour Monsieur de la Meilleraye, & l'autre tiers étoit partagé entre tous les François : ceux qui avoient été à l'expedition, possedoient effectivement leur butin : mais la part des restés étoit retenuë pour l'entretien du Fort. Il se resolvoit de garder luy mesme, avec les François qui ne suivroient point la Case, les bêtes qu'ils avoient eus de ce dernier party, & de les tenir sous la portée du canon dont il armeroit la maison qu'il faisoit côstruire. Nôtre Vaisseau parut qui troubla cette disposition, il fut reconnû pour la mesme Fregatte l'Aigle-Noir qui avoit abordé l'Isle trois ans auparavant, il avoit receu en France un autre nom, le Gouverneur se tint prest à tout evenement & nous receut ensuitte comme je l'ay déja dit.

Fin du premier Livre.

LIVRE SECOND.

CHAPITRE PREMIER.

Gouvernement de la Compagnie des Indes Orientales dans l'Isle de Madagascar: Et Relation de tout ce qui s'est passé jusques au depart du premier Vaisseau retournāt en France.

'Isle de Madagascar occupée pour la Compagnie des Indes Orientales: le President du Conseil couché dans une Cabane des-

fenduë d'air & de jour, fut soûtenu par les palans du Vaisseau, descendu en Chaloupe, & arrivé à terre, huit Negres l'éleverent sur leurs épaules, & le porterent en cét équipage, jusques au Donac dans le Fort Dauphin. Sa grande foiblesse venuë de ce transport ; aprés quatre mois de maladie à la soixante - septiéme année de son âge, le fit considerer par le Gouverneur, comme une ombre qui s'alloit dissiper, & agitant sa fortune dans un esprit assés politique: il prit habitation dans une des Cases des dehors du Fort, & retint auprés de luy tous les anciens François dans l'Isle, qui s'attacherent ou à son authorité qui pourroit revivre souverainement, ou à celle que nous luy apportions, de Capitaine de toute la milice & de second personnage du Conseil souverain. Il épioit l'extraordinaire abbatement de la premiere tête, & n'acceptoit pas les Lettres Patentes de Sa Majesté, voulant voir si à cette chute, il paroistroit un autre President qu'il ne vouloit point s'engager de reconnoître ; ou s'il étoit luy mesme destiné pour seul Commandant, cette mort rompant la premiere disposition. La stabilité de la terre donnant moyen de se rassembler aux esprits que l'agitation avoit sans cesse dissipés ; le President se réveilla semblant vouloir revivre dans un nouveau monde ; & le Gouverneur plus persuadé par un dire qui se confirmoit de beaucoup de circonstances ; que trois Vaisseaux arriveroient bien-tôt, si la mer ne les renfermoit en son sein, aprés avoir exercé pendant trois jours, son addresse à tâter les dispositions de France, & les sentimens des nouveaux venus, receut enfin ses Lettres de Provisions le 17. jour de Iuillet, prit logement au Fort, & y fit present de cinquante bœufs pour commencer à l'entretenir.

Le President pretendoit distribuër des qualités sans exercice, & se reserver tout l'ordre du Gouvernement : Le pouvoir Souverain luy échapoit à le communiquer ; & connoissant qu'il étoit estimé hors d'état de s'acquiter resolument de toute la charge qui luy avoit été commise, il craignoit qu'en installant ce compagnon qui luy avoit été nommé, la gloire des evenemens ne tombast sur luy, & qu'on ne le fist passer pour un membre aussi inutile que malade. Il se vouloit maintenir dans l'entiere disposition qui luy fut peut-être toute échappée, s'il eust étably le Conseil. L'amour que l'homme a pour luy-mesme, luy fait causer de grandes ruines à autruy pour s'épargner un petit mal, & son raisonnement possedé de ses affections propres, trouve toûjours un

côté

côté en luy, par où il peut operer des merveilles : celuy-cy se crut appercevoir au travers de ses infirmités, capable de porter tout un fardeau, dont il jugeoit qu'on ne croyoit pas qu'il peust soûtenir une partie ; & aprés de longues meditations sur les erreurs vulgaires, panché dans le tombeau où il étoit violemment poussé, (car il sembloit n'avoir brillé que pour s'éteindre) il prit pour faux tout ce qu'il avoit jamais raisonné qui s'opposast à la puissance qu'il vouloit garder, & son imagination fertile à secōder ses desirs, luy rapporta des circonstances selon son cœur.

Le Gouverneur ne fut pas plutost Officier pour la Compagnie, qu'il se facha de n'être pas appellé à une entiere connoissance de ses affaires, & le déchargement du Vaisseau ayant été ordonné sans sa participation : loin d'engager ses inclinations au bon succés de nôtre expedition ; il les reserva avec jalousie pour celle qu'aparemment il avoit abandonnée : mais qu'effectivement il étoit encore en état, & menaçoit de maintenir contre nous ou bien de quitter le quartier du Fort Dauphin & d'en aller occuper un autre.

J'étois en presse entre ces deux personnages, & bien que ma charge fust de prendre exacte connoissance de l'ordre de l'établissement, & d'en conserver les actes & les memoires : le President me faisoit aussi l'injustice de ne se point servir de mon ministere, & n'ayant pû endurer d'un cœur tranquille, l'honneur que je receus à la prise de possession de l'Isle & les affections de plusieurs François : il pretendoit m'abîmer dans l'indifference ; quand d'un autre côté le Gouverneur me considerant comme le second obstacle à cette superiorité absolue qu'il s'empressoit de regagner, me montroit tous ses chagrins qu'il ne portoit pas chés le President qu'il ne visitoit plus. Dãs cette mes-intelligence, ce Gouverneur menaçoit, & je sollicitois continuellement que le Conseil fust étably : mais le President affermy sur son dessein, me remettoit à l'arrivée des trois autres Vaisseaux, & continuoit son exercice de Vice-Roy, sur des rapports qui luy étoient faits par deux neveux & deux valets qui couverts de l'autorité de leur Oncle & de leur Maistre, éloignoient une partie de ce qui se déchargeoit du Navire, & accusoient le Capitaine de mécompte & de dissipation.

Le discord avoit été continuel pendant la route, entre ce Capitaine Admiral & le President, qui établi en autorité, joignit la fraude & le mauvais soin dont il le tint coupable, à des mécontentemens qu'il pensoit raisonnables, & resolut son emprisonnement & de le dégrader de son employ. Cette commission donnée à un Lieutenant, aprés avoir été agitée avec ces quatre personnages, n'étant pas tenuë secrette, obligea le Capitaine à garder son bord, & invité à décendre à terre, à y envoyer l'Escrivain du Navire, se plaindre au Gouverneur & m'advertir de l'entreprise qu'il avoit sceuë : Le Gouverneur s'engagea d'en empescher l'execution, & si je n'en fus pas étonné, veu le train que des têtes si mal-faites donnoient à la conduite des choses : Je vis que c'étoit une injustice & une oppression étrange dont on alloit accabler l'Admiral de nôtre Flotte, experimenté Capitaine, en qui pendant un long cours, je n'avois découvert que de bonnes intentions au service : & neanmoins son salut me sembla le plus grand de tous les malheurs, si le Gouverneur venoit pour le desfendre, à prendre le Président à partie. Ma peine étoit infinie, j'inclinois puissammant à la conservation de cét Officier important : mais il m'étoit rude de sentir déchirer un grand ouvrage où j'avois mis la premiere main ; & que ce rencontre devint au Gouverneur, un pretexte plausible de s'établir luy seul arbitre de nos destins. Je pressé fortement le Président de faire le Conseil, & que chaque Officier fust employé suivant son ordre, pour mettre en execution les Reglemens que nous avions receus en Frāce. A des remises qui pouvoient n'avoir jamais de fin, & apprehendant le terme tres-proche d'une guerre civile ; aprés en avoir communiqué au Gouverneur & obtenu de luy quelque surseance à l'éclat qu'il menaçoit de faire: je signifiay mes Lettres de Provisions, au Capitaine, & luy fit deffence de rien décharger de son Vaisseau, que par ordre signé de moy. Cét acte surfit le déchargement, & le President répondit par un autre qu'il ne me connoissoit point, & commanda au Capitaine de mettre les effets de la Compagnie, entre les mains des gens qu'il envoiroit à son bord. Je recommencé mes deffences & sommé ce Capitaine de ne rien executer que conformement à la Declaration du Roy, que je luy faisois voir, & aux ordres de la Compagnie des Indes Orientales qui ne donnoient pas le gouvernement à un en particulier, mais au Conseil Souverain qui devoit être étably : Le President répondit de nouveau, & m'accusant de tumulte, de cabale & de sedition, se chargea du deperissement des effets de la Compagnie en son propre & privé nom. J'étois satisfait d'un côté, ayant trouvé ce garand d'un interest qui m'étoit cher ; & le mesme jour je crus l'aller être pleinement : car le

Président envoya prier le Gouverneur de passer chés luy: mais en travaillant à leur union, je vis m'être éloigné; & ce Gouverneur qui se servoit de toutes pieces pour sa grandeur, éleva sa passion si fort au dessus des ressentimens du President, que ce dernier la craignit pour moy, & me fit advertir qu'il avoit semblé necessaire au Conseiller que j'avois voulu qui fust installé, de se deffaire de moy. Rude & violente agitation d'être obligé de la vie à qui nous en veut ôter ce qu'elle doit avoir d'illustre; & furieuse conclusion d'être assassiné par un ambitieux que nous avons aidé à rendre puissant. Le President enfin dont la Politique n'étoit pas sanglante, fut épouvanté d'un coup de pistolet qui fut proposé pour payer son accord que je venois de causer avec le Gouverneur, & m'ayant seulement fait étourdir de quatre vingt coups de canon qu'il

fit tirer pour le publier, le 31. Iuillet au matin, il envoya chés moy le Prêtre que nous avions trouvé au Fort Dauphin, & me fit dire que si je voulois avoüer que j'avois agy de chaleur, rompre les actes que j'avois faits, & les procés verbaux qu'il imaginoit bien que j'avois dressés, je serois receu en ma charge au Conseil qui seroit tenu à dix heures chés luy. Ce Conseil assemblé de sept personnes qui y avoient été appellées de la nomination du President & du Gouverneur : j'y entré & dis au President que sçachant qu'il y avoit Conseil, j'y venois occuper conformement à mes Lettres de provisions ; & que suivant une Requeste que je luy presentois sans cesse depuis quinze jours ; je le suppliois de m'installer. Il me répondit que le Conseil que je voyois étoit un Conseil particulier qu'il faisoit pour luy, que mes Lettres de Provisions étoient
pour

pour le Conseil Souverain qui ne seroit étably qu'aprés l'arrivée d'une seconde flotte, que j'y exercerois : mais qu'il protestoit de s'y plaindre de mes entreprises. Je luy dis qu'il luy étoit assés connu que j'étois destiné Secretaire du Conseil & gouvernement de Madagascar ; & que s'il vouloit obeïr aux reglemens de France, il ne se pouvoit deffendre de m'y recevoir. Il me répondit que non, & je sortis, ne trouvant à propos ny de me soûmettre à la condamnation de mon procedé, ny d'aigrir davantage un esprit qui me pouvoit beaucoup nuire.

Pendant ces premiers quinze jours de nôtre demeure au Fort Dauphin, les grands des païs qui avoient depuis la revolte de Dian Mananghe, secoüé le joug des François, en firent épier les desseins, & des Negres mésmes qui étoient pour le service ordinaire, s'absenterent

& vray-semblablement furent advertir de ce qu'ils avoient oüis dire. Outre les tributs que continuerent Ramousaye & les Matatanois au Gouverneur ; Dian Bel grand au païs des Ampatres luy fit faire present de cinquante huit bêtes qu'il s'appropria sans en reconnoître la Compagnie; mais Dian Nong Maistresse de la Case, instruite par son amy qui étoit lors où nous étions, & qui luy servit de truchement, fut accompagnée de douze femmes des plus belles de sa Province, saluër le President, & luy ayant donné vingt bœufs qui étoient demeurés devant la porte, cinquante paniers de racines que portoient cinquante Negres, des menilles d'or & des pierres jaunes & rouges, Topases & Ametistes qu'elle prit d'une de ses Dames ; elle l'asseura qu'elle n'avoit point de sujets qui ne fussent les siens, & le pria de la recevoir pour amie des François. Le President la remercia, & luy promit protection contre tous les ennemis : mais n'ayant pas été assés liberal au gré de la Princesse à qui la Case avoit appris que les grains de verre ne nous coûtoient guere, elle retourna chés elle peu satisfaite de cette reconnoissance, & la plus fiere & la plus resoluë de toutes les femmes ; elle n'a jamais crû que des gens si avares à des Souverains amis, peussent faire quelque chose de considerable.

Des coureurs rapporterent que Dian Mananghe étoit au desespoir de ce que les François avoient été secourus, que tout luy predisoit mal-heur dans son camp (car il n'avoit point d'autre demeure) qu'une vache y avoit veslé d'un monstre demy-homme & demy-veau, ce qui est entr'eux un prodige de mauvais pronostic, & que les grands à qui il avoit autrefois fait la guerre, s'étoient ligués à le faire perir par les armes ou par la faim. Cette conjoncture bien ménagée eust été admirablement utile; il falloit rappeller Dian Mananghe en luy donnant le pardon de sa revolte, ou rechercher ses ennemis d'alliance & d'amitié: le plus avantageux qui étoit de remettre ce grand dans nos interests, étant empesché par le Gouverneur qui ne vouloit appercevoir aucun mouvement de raison ny de politique permises, dans le procedé de Dian Mananghe; il restoit de l'accabler, & de nous faire des alliés de ses adversaires: mais il n'entroit personne aux deliberations, qui se fist un bien de celuy de son païs, & chacun s'attachoit à l'interest particulier.

Au commencement du mois d'Aoust, le President par la violence de sa maladie, sembloit à tous momens prest à quitter la partie; il avoit passé ce temps, sans y toucher d'attention reguliere, & n'avoit été que l'organe de ses neveux qui n'avoient apporté ny son esprit ny son addresse à une grande affaire; il les croyoit pensant ne pouvoir mieux croire, & se laissoit gouverner en malade: il souffrit que le Gouverneur fist partir la Case avec trente autres François, & l'envoyast à la guerre pour Monsieur le Duc de Mazarin qui avoit entierement quitté ses pretentions sur l'Isle. Le Gouverneur de sa part, pour entretenir ces esprits remuans, mais peu fins, de l'extremité du dépit où il étoit auparavant, paroissoit dans un accord parfait de tout ce que prononçoit le President, pour la Police entre les François & pour la bagatelle: mais il soûtenoit mieux son esperance de rentrer bien-tost dans la puissance absoluë; & voyant que le President declinoit sensiblement, il empeschoit les anciens François dans l'Isle de s'engager, attiroit des nouveaux venus par promesses & par presens, & dominant sur l'Isle par ce party tout à luy qu'y commandoit la Case ; il jugeoit qu'il ne luy seroit pas difficile de nous amener à le reconnoître, pour ce qu'il étoit avant que j'en eusse pris possession. Ses desseins découverts sur ses mines & ses empressemens, étonnerent plusieurs de nos passagers qui pour avoir paru ouvertement zelés pour moy, ne devoient rien attendre que de fâcheux de ce gouvernement : ils se destinerent un autre chef, & scachans le Capitaine du Vaisseau mécontent & mal-traitté; trois des principaux commis de la Compagnie, se faisans forts de trente de leurs amis, me representerent que visiblement l'Isle n'étoit pas à la Compagnie, puisque Monsieur le Duc de Mazarin y regnoit encore, que la possession que j'en avois prise avoit été une illusion dont le Gouverneur avoit duppé nos ordres, qu'étant Officier pour la Compagnie & me connoissans fidelle, ils se soûmettoient volontiers à me suivre par tout où je les voudrois mener en Perse, dās la Chine, ou aux Indes faire un établissement pour la France, que tout perissoit dans l'attente des Vaisseaux dont nous esperions du remede & qui n'en apporteroient peut-être point, puis qu'il n'y avoit que des gens sans pouvoir superieur, que si je ne m'éloignois, je serois le premier sacrifié à une grandeur usurpée, & qu'enfin aprés avoir sondé le Capitaine & veu ses resolutions; il falloit monter le Vaisseau où il y avoit encore des marchandises & de bons vivres: ce qu'il devoit raisonnablement vouloir. Le Capitaine qui avoit auparavant penetré deux fois jusques au fond des Indes, & qui connoissoit une partie du gouvernement des lieux que ces zelés vouloient visiter, ne vit point de difficulté pour des gens bien resolus & bien unis ; & si cette affaire eust été executée, je ne doute point qu'un riche evenement ne l'eust legitimée devant les interessés : mais les Politiques en eussent necessairement perdu les autheurs.

Deux jours aprés le depart de la Case qui eust été facile à mettre au service de la Compagnie, mais qui fut negligé, & qui se crut offencé du present de babiolles que le President fit à sa Maitresse : Dian Ramousaye vint au Fort Dauphin, & avertit que Dian Mananghe avoit paru avec six à sept mille hommes & s'avançoit à dessein d'attaquer Mananbarre où il y avoit peu de garnison. Le Gouverneur fit publier que qui vouloit faire la guerre aux Negres, fust prés dans deux heures à le suivre, & qu'il alloit à la rencontre de sept mille hommes.

Les nouveaux venus ne se montrerent pas moins hardis que les anciens; il en sortit bon nombre des uns & des autres qui passerent en reveuë à une lieuë du Fort, & furent chercher l'ennemy de qui nous devions acheter l'alliance. Le fils de Ramousaye à la tête des sujets de son pere, guidoit au lieu d'où étoient partis les premiers avis: mais soit qu'ils fussent faux ou que Dian Mananghe se fust retiré, il ne se rencontra qu'une vache noire, qu'une sentinelle prit la nuit, pour un espion qui ne répondoit point à son qui va là; ayant tiré un coup de fusil dessus, l'alarme fut au camp; & je croy qu'il s'éveilla de belles dispositions pour le combat. Le Gouverneur de retour, assura que ç'avoit été une addresse de Negre pour connoître la resolution de nos Soldats, & dit que Ramousaye avoit été le premier trompé: mais nous pensâmes que luy mesme avoit excité l'alarme, pour voir de quel visage nous irions au devant de sept mille ennemis: les mines ne furent point desavantageuses, & les apparences ne montrerent rien que de courageux.

Le neufviéme jour d'Aoust Feste de saint Laurent Patron de l'Isle, le Canonnier du Vaisseau ayant auparavant preparé de l'artifice; demanda permission de l'ajuster & d'y mettre le feu à terre devant le Fort Dauphin. Dian-Ramousaye qui étoit venu le matin, accompagné de cent Negres, faire present de quatre bœufs & de trente paniers de racines, fut retenu pour être à l'effet; il admira les fusées qui brûloient dans l'eau, les petards, & les roües qui étoient attachées sur un grand arbre: mais il n'est pas possible de se bien imaginer les ravissemens de luy & des gens de sa troupe, à l'élancement & à la chute des fusées volantes; & leurs cris

DE MADAGASCAR. 155
firent perdre le bruit de cent cinquante Mousquets qui tiroient incessamment.

Le quatorziéme, ceux qui se promenoient derriere le Fort, virent un bastiment qu'ils prirent pour une Chaloupe doubler la pointe d'Itapere la Septentrionnale des deux qui formét l'ance, au milieu de laquelle est Tholanhare. Nous jugeasmes que quelqu'un des Vaisseaux que nous avions quittés, avoit abordé l'Isle, & que le Capitaine crainte de descendre plus bas que le lieu d'ancrage sous le Fort, ce qui est estimé dangereux à cause des marées qui courent le long de la côte du Nord au Sud, & qui ne permettent pas de remonter sans un vent bien favorable qui n'y souffle que rarement ; envoyoit reconnoître & demandoit avis : le Capitaine Admiral fit embarquer son fils qui luy servoit d'Enseigne, l'Ecrivain de son bord & un Pilore ; & les envoya en Chaloupe au devant. Ces deux Batteaux ramés à la rencontre l'un de l'autre ; le Gouverneur en fut entretenir le Président qui commanda à un de ses neveux qui pressoit l'ordre, de faire pointer, une piece de canon sur la chaloupe, & de la couler à fond s'il pouvoit : ce neveu disant que son oncle vouloit donner les premieres impressions, tira, mais sans toucher à ce qu'il visoit ; il recommença, le canon extraordinairement chargé, recula beaucoup & placé derriere le Magazin, le feu de sa lumiere vola jusques au haut & prit aux feüilles déja seches : Il en brûla l'espace de six pieds en rond : les poudres étoient dessous, serrées dãs des barils qui ne s'allumerent pas : mais le Gouverneur le craignit tellement, & en vit la flamme si proche, qu'il fit sortir du Fort ce qu'il avoit de plus precieux ; pendant que le Président

DE MADAGASCAR. 157
se faisoit découcher pour être enlevé. Le grand secours d'eau de mer, & l'addresse de quelques hommes qui ôterent le feu en arrachant les feüilles, appaiseret ces frayeurs. Les boulets ne firent point retourner l'Enseigne qui parla à ceux au devant de qui il alloit. Aux approches nous découvrismes à la poupe de ce qui avoit doublé Itapere, un grand Pavillon rouge croisé de blanc, & à moindre distance, douze Negres qui chacun avec un instrument long de six pieds & rond par le bout, comme une palette, nageoient dans un Pyrogue qui est une espece de Chaloupe que les habitans de l'Isle ont l'industrie de bâtir ; Les Negres arrivans dans le fond du Port, & proche de la carcasse d'un grand Navire qui y a été échoüé, ramerent avec violence pour donner plus avant sur le sable, & descendus à terre y mirent à sec leur Vaisseau à force de bras.

Un d'eux rapporta que le Missionnaire qui étoit au païs des Matatanes depuis six mois, ayant apris l'arrivée d'un Navire, s'étoit embarqué pour y venir : mais qu'aprés un jour de Voyage, le Pyrogue avoit tourné, & eux tous été en danger de perdre la vie : qu'il avoit été assés heureux & assés fort pour en tirer le Missionnaire qui épouvanté de cét accident, avoit pris son chemin par terre en côtoyant la mer, & arriveroit bientôt.

Le 15. ce Missionnaire accompagné de six Negres, entra au Fort Dauphin, & peu de jours aprés fit la relation, & rendit compte en chaire de sa Mission aux Matatanes, qui n'avoit pas été fertile en conversions, y ayant à peine baptisé trois personnes. L'émotion qui parut sur les visages, lors que ce Pyrogue fut pris pour une des Chaloupes des Vaisseaux que nous attendions, portant aux yeux du Gouverneur un air que la dissimulation ne pouvoit donner; le persuada tout-à-fait de ce qu'il avoit toûjours refusé de croire absolument, & n'osant plus douter que l'affaire des Indes ne fust de suitte & de grande importance: il relâcha enfin de ses vieilles affections, & concevant de l'impossibilité à rester le Maître, il souffrit l'engagement de quelques anciens habitans François au service de la Compagnie: mais se reduisant au petit ménage, il fit acheter cherement les vivres, en gourmandant la necessité qu'en avoient les nouveaux venus, & se défit de quantité de bêtes à deux pistoles piece, qui ne luy avoient coûté qu'à prendre.

Le 20. un Negre envoyé de Dian Ramousayel, apporta nouvelles que deux Vaisseaux étoient ancrés à l'ance aux Gallions au dessous de son Village à vingt-cinq degrés trente-cinq minuttes de latitude. Le Président y depescha ses deux neveux, l'un par mer en Chaloupe, & l'autre par terre avec des guides; & bien que ceux que je jugeois arriver, n'eussent aucun caractere pour le gouvernement Souverain, ne voulant pas neanmoins être creu autre que zelé & fidelle, sentimens où j'esperois être bien suivy. J'écrivis au Iuge civil pour luy & pour les autres Officiers qui devoient servir sur l'Isle, & les prié de tenir leurs jugemens indecis jusques à ce qu'ils eussent connu le veritable état des affaires de la Compagnie sur l'Isle de Madagascar.

Le 23. un des principaux accompagné de six Commis & de dix Soldats, arriva au Fort Dauphin; & j'apris de luy que les Officiers des Vaisseaux le Taureau, la Vierge-de-bon-Port & l'Aigle Blanc, étans abandonnés de l'Admiral, quitterent le soin de se tenir en flotte, te, & que ne concernans plus leurs cingles, ils avoient été desunis & hors de veuë les uns des autres, un jour aprés que nous les eusmes laissés, que neanmoins s'accordant à reconnoître & à occuper l'Isle de Mascareigne; le Taureau y étoit arrivé le 9. de Iuillet, jour qu'ils avoient sceu que nous avions veu la premiere fois Madagascar; que la Vierge aurra devant cinq jours aprés à la mesme rade à l'Oüest de l'Isle; lors que l'Aigle-Blanc abordoit du côté de l'Est; que n'étans pas, en ce dernier bâtiment, asseurés du lieu où ils prenoient terre, six passagers entreprirent de la courir; & que parvenus au sommet d'une haute Montagne: ils apperceurent les deux Vaisseaux vers lesquels ils cheminerent, jusques sur le rivage de la mer, où ils trouverent les Officiers qui depescherent incontinent une Chaloupe, avec ordre au Capitaine de l'Aigle-

O

Blanc de lever l'ancre & de les venir joindre. Cette Isle étoit habitée de deux François & de dix Negres sept hommes & trois femmes passés de l'Isle de Madagascar, rebellés contre les François & retirés dans les montagnes où ils étoient imprenables & rarement visibles; ils les accusoient d'avoir tué leurs peres, & aprés une conspiration éventée d'exterminer ces deux François : ils s'ôterent de leur veuë & de la portée de leurs fusis. Six Soldats furent envoyés les chercher: mais leur peine fut inutile.

Des deux François, l'un & le principal nommé Loüis Payen natif de Vitry le François, étoit homme bien fait de douce humeur & sociable, quoy qu'il y demeurast depuis prés de 3. ans, aprés avoir été sept années à Madagascar. L'autre François suivoit les volontés de celuy-cy, & par une conduite bien ménagée : ils avoient devant leur Café

DE MADAGASCAR. 163

baſtie à la chute d'une belle Fontaine qui tombe en nappe d'eau du milieu d'un grand rocher; des plantages de tabac à qui ils ſçavoient donner toutes les façons, de racines, & d'herbes potageres dont ils avoient porté des graines & nourriſſoient dans un enclos, quantité de cochons & de cabrils qui bien qu'ils ſoient commûs ſur l'Iſle, cette commodité s'offrant, eſt pluroſt achetée que l'autre n'eſt atteinte. Ils en avoient experimenté l'utilité depuis un an, qu'un grand Vaiſſeau Anglois nommé le Charles commandé par le Capitaine Iacques Barker, y ayant aiguadé; ils en trafiquerent pour de l'huile, de l'eau de vie, du vinaigre, des pois & des habits; & à l'abord des François, cedans aux ordres du Roy la ſouveraineté du païs: ils ne perdirent point leur œconomie, & vendirent aſſés bien leur foin. Aprés quoy le premier reſolut de

O ij

repasser en France ; & l'autre s'engagea au service de la Compagnie.

L'Isle de Mascareigne scituée entre vingt & un & vingt-deux degrés de latitude, & depuis quatre-vingt degrés trente minuttes jusques à quatre-vingt & un degrés cinquante minuttes de longitude, pousse des vapeurs si medicinales, que les malades qui y furent descendus des Vaisseaux, y guerirent en peu de temps ; & les bonnes viandes les rétablirent parfaitement aprés. Vne houssine longue de trois pieds pour arme, pouvoit faire apporter en demy heure de chasse, quarante pieces de gibier, tourtes & perroquets ; les oyseaux bien loin de s'épouvanter à la mort d'un de leur espece, & de la veuë du chasseur, venoient les entourer & se laissoient choisir à l'apparence de leur embonpoint. Les bœufs, vaches & veaux y étoient communs, les cabrils y sautoient par troupeaux & étoient laſſés & pris facilement à la courſe, les cochons y vivoient de tortuës de terre qui y rampoient par milliers, & les tortuës de mer ſe promenoient tous les ſoirs ſur la côte. Les coups de fuſil avoient épouvanté les oiſeaux qui quinze jours aprés l'arrivée, n'y parurent plus ſi familiers : mais les animaux terreſtres y étoient toûjours d'un fond qui ſembloit inépuiſable, auſſi bien que les poiſſons dans les étangs & dans les rivieres qui y ſont parfaitement belles. Preſque tous les arbres y pleurent ſans ceſſe le benjoin : le François qui avoit reſolu ſon retour, en avoit une proviſion de quinze cens livres, amaſſée de ce qui tomboit à la porte de ſa Caſe ; & jugeant ſur ce qui m'a été rapporté par des gagiſtes de la Compagnie qui ont fait le tour & la reveuë de cette Iſle : Je tiens que le ſerrant exactement, on en peut tirer cinquante

O iij

mille livres par an. La terre y produit fertilement deux fois l'année. Les arbres y font hauts à perte de veuë, propres à baftir des maifons: mais durs extrémement & le bois trop lourd pour conftruire des Vaiffeaux, & qui fe fend quand la fechereffe le fait leger. Les eaux y font tres-bonnes, & ne gardent aucun animal ou veneneux ou malfaifant. Cette affeurance fit perdre un Soldat qui faifoit le voyage pour la feconde fois; ayant tué un canard fur un étang: il fe jetta dedans pour l'aller querir, & n'y eut pas nagé trente braffes, qu'il fe trouva embaraffé par des joncs cachés fous l'eau, qui le retinrent & le noyerent, fans qu'aucun de quatre autres qui le voyoient, ofaft le fecourir. Prefque la moitié de la fuperficie de cette Ifle a autrefois été embrafée; & le feu maintenant éteint, a laiffé en cette partie, de grandes marques de fa violence. Les Mariniers ne connoiſſent aucun lieu de bon ancrage en tout ſon tour qui eſt de ſoixante lieuës; les Ouragans y ſont frequens : c'eſt une force de vent ſi terrible qu'il detacine les arbres, tranſporte les habitations, détruit les plantages & s'il ne briſe les Vaiſſeaux contre la côte; il les renverſe & les abiſme.

Suivant les reglemens qui avoient été donnés en France, l'Aigle-Blanc fut envoyé à Madagaſcar, à la Province de Galemboulle. Il fut mis à la voile le 2. jour d'Aouſt, & un Commis ayant été laiſſé avec vingt ouvriers ſous ſon ordre, pour commencer le gouvernement de cette Iſle de Maſcareigne ou Bourbon pour la Compagnie; les Vaiſſeaux le Taureau, & la Vierge de bon-Port leverent leurs ancres le 6. & mirent Cap ſur le Fort Dauphin; après quinze jours de Navigation, le Taureau manqua le premier à le reconnoître; les Officiers ſe trouvans un peu au deſſous ne s'y pûrent tenir, & furent entraînés juſques à l'ance aux Gallions, où ſe leur fut une conſolation de ſe voir ſuivis par la Vierge-de-bon-Port. Le Capitaine du Taureau qui avoit à un voyage precedent experimenté pareille diſgrace, & demeuré long-temps ſans pouvoir remonter; fit un grand mal-heur de cette échapée, & les Officiers paſſagers laſſés de la longueur de la courſe par mer, entreprirent gayement de cheminer par terre onze lieuës qui ſont entre cette Ance & le Fort Dauphin. Le premier qui arriva accompagné comme je l'ay dit, n'étoit pas d'accord avec les autres, & avoit deſſein de ſe plaindre d'eux: mais il ne put diſcerner à qui, il rencontra la foibleſſe & la confuſion où il avoit eſperé trouver Juſtice établie; & n'avança rien contre ſes adverſaires qui entrerent au Fort le lendemain: mais aprés que

que les Vaiſſeaux furent ancrés au Port, un caprice de vent d'Eſt les ayant relevés en bouline juſques-là.

Tous les habitans du monde qui connoiſſent les Anglois & les Hollandois, ſçavent de quelle utilité leur ſont les peuplades éloignées, & les voyages de long cours, particulierement ceux qui les meinent aux Indes Orientales. Je croirois trop m'emanciper ſi j'entreprenois de penetrer leurs diſpoſitions; puiſque ſans doute je ne rencontrerois qu'imparfaitement: car de vouloir découvrir les points de ſageſſe que la France s'attache fortement à connoître depuis l'établiſſement qu'elle a fait de deux Compagnies des Indes, pour les imiter & enſuitte les ſurpaſſer: Je ne preſume pas trouver ſeul ces reſſorts de tant d'hommes politiques; & en m'engageant dans les détours d'un labyrinthe où on peut s'égarer depuis Londres & Amsterdam jusques aux Moluques & au Japon; je demanderois des compagnons qui m'aidassent à l'examiner, & qui inaccessibles aux passions grossieres, y entrassent sans autre inclination que le bien de la patrie, qui seroit le fil qui guideroit chacun de nous pour en bien sortir. La gloire est cherchée de tous les hommes : mais peu ont d'assés bons yeux pour ne se pas aveugler dans l'éclat qu'ils poursuivoient; ce qui étoit l'objet de leurs délices, devient la matiere de leurs erreurs, & au lieu de posseder ce qu'ils ont atteint : ils en sont heurtés & étourdis. Les Sages seulement, certes personnages rares, & ceux qui considerent profondement le jeu de la nature en tant d'ouvrages si differens en leurs apparences, & qui neanmoins ont le mesme principe, demandent cette gloire non pour s'en parer; car ils en connoissent la vanité qui ne les surprend pas : mais pour faire un prudent ménage de l'authorité qu'elle leur donne sur les parties politiquement inferieures au degré sur lequel ils sont montés. Je n'ay trouvé que des emportés & des mal-habiles, où la compagnie Françoise voyoit ses principaux Agens, tous les Officiers mal-choisis, & incapables de l'occupation à laquelle ils étoient destinés, j'en excepte les Mariniers qui sans doute étoient dignes de leurs charges, & j'en excepterois le President, si je regardois celuy qui avoit été pourveu en France, sain de corps, & d'un esprit vigoureux & cultivé par les sciences & les beaux arts : mais en l'état où je le vois, depuis longtemps l'organe de gens qui n'avoient aucune qualité remarquable que d'étre ses parens ; je l'enferme dans ma reflexion sur cét emprunt de fausses lumieres.

A la hauteur du Cap de bonne Esperance, & à l'ouverture des boëtes qui renfermoient nos ordres ; la forme du gouvernement qui devoit être à Madagascar, étant connuë, les raisonnemens de ceux qui participerent à cette connoissance, s'exercerent à chercher non pas les moyens de le faire reüssir de bonne foy : mais ceux de s'y rendre puissans ; & sans refléchir sur l'utilité de l'union pour le general, à cabaler, le President pour faire faire un grand espace entre luy & les premiers d'aprés luy, un autre pour se maintenir moins éloigné ; & les derniers pour anticiper à se joindre au gouvernement, ce qui leur pouvoit être refusé, car les dispositions étoient telles. Le President du Conseil Souverain avoit des Lettres patentes de Sa Majesté pour cette charge ; nous en portions à celuy que nous esperions trouver Gouverneur, de Capitaine commandant la milice sur l'Isle, & de Conseiller audit Conseil ; j'étois pourveu aussi par Lettres patentes, de celle de Secretaire de ce Conseil ; Montaubon avoit celles de Juge Civil sur l'Isle, & quatre autres étoient porteurs de simples nominations de Messieurs les Scindics de la Compagnie en France, pour avoir entrée & voix deliberative en un Conseil, qu'ils qualifioient Conseil particulier. Le President surpris de cét ordre, jugeant bien que ces quatre voudroient faire valoir leurs commissions, & dans le defy de quelque chose de plus contre son autorité, de ce qu'un de ces quatre avoit fait mystere d'une boëte qui luy avoit été donnée à Brest ; à ouvrir au lieu où nous étions avec un specieux pretexte, laissa les Vaisseaux qui étoient de flotte avec le nôtre, & le pouvoir luy ayant été remis de former le Conseil ; il se pressa d'arriver où il devoit étre étably, pour occuper & attendre qui se presenteroit pour en étre; & l'admettre ou le refuser, ainsi que son interest, & sa passion le luy persuaderoient. Les embarqués dans les autres bâtimens, ne nous voyans plus, & ancrés devant Mascareigne, consulterent ensemble sur cette desunion, & chacun des pretendans, rapportant les droits qu'il avoit de deliberer au Conseil; ils se sentirent tous resolus d'ordonner souverainement, de gré ou de force; & apprehendans que le President à Madagascar ne voulust au plus les entendre que par souffrance, sans conter leurs voix si bon luy sembloit; ils se liguerent, jurerent de s'entremaintenir, & promirent faveur aux Officiers de milice. Trois jours aprés ce pact important, un de ces quatre nommés & non pourveus qui avoit tiré promesse de la Compagnie de passer aux Indes pour

Marchand, par le premier Vaisseau que le Conseil de Madagascar feroit partir : ne rencontrant pas dans un grand risque où il croyoit s'être envelopé, un avantage qui pût être durable, se repentit d'y avoir participé, & avec quantité de motifs qu'il allegua pour s'en dédire, tâcha d'exciter la frayeur dans l'esprit de ses compagnons qui affermis ne se contenterent pas seulement de persister : mais ne le jugeans plus digne de commander, ils firent toutes leurs dispositions sur l'Isle de Mascareigne sans luy en parler. Ce fut luy qui vint le premier au Fort Dauphin où il apportoit ses plaintes, & où il trouva peut-être de quoy se repentir de s'être repenty. Les autres ayant été favorablement receus du President qui avoit besoin de reparer ses premiers emportemens sur l'Isle, par un contrepoids de mines accortes & sans ambition. Au plus haut point de leurs pretentions, mirent vray-semblablement leurs soins à finir le differéd qui étoit entre le President & moy : mais couvertement ils tâcherent de nous rendre irreconciliables. Ils demeuroient d'accord avec moy, que je n'avois pû faire autrement que j'avois fait, sans trahir la Compagnie, & poussoient neanmoins le President à s'en tenir blessé, comme d'un attentat qui demandoit des satisfactions : Aprés beaucoup de redites ils reglerent que je serois installé en faisant, veu les qualités, excuse de mes oppositions : c'étoit une contradiction notable & prejudiciable à la Compagnie, à qui j'avois trouvé garend du deperissement considerable de ses effets; & à laquelle ils sçavoient bien que je ne me soûmettrois jamais. A mon refus de subir cét arbitrage; ils furent installés par le President & enregistrés par un neveu : ne voulans neanmoins rien ordonner pour le gouvernement sans moy, que je n'eusse fait le refus manifeste d'exercer comme Secretaire de ce Conseil; ils s'étudierent à me rebutter pour m'y faire renoncer, ou pour m'y faire entrer avec deference pour tous. Je m'addressay au President à qui je trouvay à propos de presenter une nouvelle Requeste, du sceu de tous les François de nôtre embarquement, & de le supplier de me recevoir suivant les Lettres patentes de Sa Majesté expediées en mon nom & addressantes à luy: Elle fut agitée au Conseil, où paroissant necessité de m'admettre, la conclusion alloit à ce qu'il le falloit bien faire: mais comme je l'appris le mesme jour d'un des Conseillers, le President leur ayant demandé s'ils vouloient un Maître, & que je les ferois tous enrager, pur effet de son ressentiment, cette Requeste fut chicanée, & augmentée d'une promesse que je faisois, de ne déliberer sur aucune affaire, vaine precaution, car je ne le pretendois pas : mais je sçavois de l'ordre dont nous nous entre-connoissions, que mes yeux & ma presence étoient capables de les éclairer & de les rendre fidelles : Enfin le quatriéme jour de Septembre je fus receu à la charge de Secretaire du Conseil souverain de Madagascar. En cét établissement je cherchay inutilement les jours & les heures des assemblées du Conseil, il ne s'en faisoit point où je me trouvois ; & si j'allois chés le President, lors que les Conseillers étoient en deliberation ou prests à y entrer, l'affaire changeoit de face, & ce n'étoient plus que des visites d'amis.

Le 17. jour de Septembre, sur des ordres qui me furent envoyés expediés à signer à une heure aprés minuit du 9. du mesme mois, le

Vaisseau le saint Paul fut mis à la voile pour le Voyage de l'Isle de Sacator, de la mer rouge & jusques au sein Persique.

Le 19. un Conseiller me rencontrant tira de sa poche une minutte dattée du 11. dont il me voulut charger, & me dit qu'il avoit oublié à me la donner ; c'étoit la nomination d'un substitüé Marchand, si celuy qui en avoit les dépesches, mouroit pendant la navigation : Ils n'avoient pas voulu, disoit ce Conseiller, me faire éveiller pour en délivrer la copie ; & qu'eux mesmes l'avoient signée double ; Je me souvenois bien de n'avoir pas dormy depuis le 11. jusques au 17. Septembre, jour que le Vaisseau mit à la voile ; je me plaignis de ces ruses mal conduites & grossieres qui faisoient le Conseil la nuit pour m'en ôter absolument la connoissance; & protestay de ne tenir jamais pour rendus les actes qui passeroient de cette maniere. Plus mécontent en mon ame de ces façons d'agir, que je ne le témoignois, & me soûtenant sans violence contre le ressentiment du President, & l'entreprise de ces nommés & non pourveus, dans l'employ desquels ne voulant ny rien combattre ny rien approuver au dessus de moy, je m'absentois des occasions où il eust fallu être le plus fort pour l'emporter & le faire connoître : mais s'appercevans qu'on ne remarquoit pas assés leur préeminence, & qu'ils n'étoient consideré generalement, que comme des gens sans caractere de la Majesté sous l'ordre de laquelle nous devions gouverner ; pour publier ce qu'ils se pretendoient au delà de ce que j'étois ; dans le reglement pour la depence des tables; ils limiterent la mienne fort juste, & ne donnerent point de bornes à leur bonne chere, cét acte me fut donné chés le President, à la mesme heure que je m'y plaignois de celuy dont ce Conseiller m'avoit voulu charger, je refusé l'un & pris l'autre: mais seulement pour une marque du trouble qu'on apportoit aux affaires, & declarant que je ne l'expedirois point. Un commis me vint dire le lendemain de la part du President, qu'on m'attendoit au Conseil; je fus voir ce que je n'avois jamais veu à Madagascar que le jour qu'il en fut assemblé un pour me rebutter, car pour me recevoir je n'eus besoin que du chef; je vis des gens sans contenance & comme étonnés d'étre Juges, & le President couché & moribond qui m'entretint demy heure de nos differends; & enfin me somma de donner les copies necessaires aux gardes-magazins pour leurs décharges, ou qu'il commettroit en ma place. Je le priay de songer meurement à l'affaire pour laquelle nous étions arrivés, ce que j'y devois être, & de ne point mettre la division dans le maniement d'un grand interest, pour un ressentiment particulier dont les sujets pouvoient être decidés justes ou injustes par ceux qui nous avoient envoyés. Il repeta quatre ou cinq fois: Un Greffier du Parlemēt s'oppose-t-il aux volontés d'un premier President? & m'appella si souvent Greffier, que je fus obligé de luy montrer combien la comparaison étoit defectueuse, & de luy dire de plus que nous étions dans une affaire qui pour ses circonstances, étoit toute extraordinaire & incomparable: mais, s'écria-t-il en me nommant, vous êtes un grand Politique; je luy répondis que j'étois du moins un Secretaire bien fidelle, & que c'étoit vouloir le deperissement de la Compagnie que de me rendre inutile. Il me dit qu'il falloit délivrer le reglement, ou mener la vie d'un particulier. Je fus mandé un autre jour, encore sommé & persistant en mes refus, avec offre d'exercer pour tout ce qui ne parleroit point contre moy. Le Conseil commit au Greffe du Conseil particulier, & le President me dit que j'étois pourveu pour le Souverain qui ne seroit étably qu'à l'arrivée d'une autre flotte. Ce n'est pas sans renouveller de grandes peines que je repasse sur ces embarras, j'aurois bien souhaitté de ne point noircir ma Relation, de ces endroits qui ne peuvent plaire à personne : mais j'en ay veu deux necessité, l'une de marquer le peu d'avance où est la Compagnie dans la folle ambition de ses Agens, & l'autre la contrainte de mon retour, dans les vexations qui m'ont été faites, & ausquelles le temps m'instruisoit de ne point consentir, si je ne voulois être attaqué par de plus fortes & nouvelles persecutions, jusques à ce que je fusse devenu méprisable, ou obligé de me declarer chef de party & coupable de guerre civile.

Les fonctions de mes sens n'étans pas alterées, quoy que je restasse sans exercice d'Office, je voyois coûler le temps & que ceux qui s'étoient chargés de le bien ménager, n'avançoient rien d'utile pour la Compagnie. Nous possedions une petite langue de terre; & le Conseil ne songeoit pas qu'il y en avoit une grande étenduë devant luy, qu'il falloit occuper par la force ou par l'addresse, & prevenir de dangereux ennemis qui nous faisoient épier. Il étoit composé d'esprits enfoncés & perdus dans une reguliere attention à amasser des richesses, & à tenir exactement tous les chemins qui les pourroient conduire à leurs commodités particulieres. Le bien public leur étoit une idée empruntée & si étrangere, que l'un d'eux vit entraîner par le reflus de la mer, pour
mille

mille pistoles de cuirs, & ne les voulut pas sauver, en donnant pour une heure, les Negres du Fort qu'il faisoit travailler à porter du bois pour entourer sa cour. Le Gouverneur recommençoit à tâtonner les courages, & mal éclairé, ou ne croyant pas l'être justement dans les dispositions de France, qui sembloient se contredire en l'execution, & être plutost une broüillerie meditée & peut-être politique, que le fond d'un établissement solide; il examina si les François ne se dégoûtoient point du trouble, & de la foiblesse qu'il remarquoit en ce qui paroissoit devoir être le fondement de la Compagnie, & ramenant les histoires du vieil temps, contoit qu'avec peu d'hommes sous luy, un grand païs & nombre de Provinces avoient été rangées à l'obeïssance, & que maintenant avec trois fois plus de forces, un Conseil laissoit mourir ses Soldats

Q

de faim, sous la portée d'un Fort, & n'avoit pas l'industrie de faire un sujet ny un amy entre cent Souverains qui commandoient dans l'Isle connuë; il méprisoit de mêler ses opinions avec celles des autres Conseillers, & de deux Barques longues qui avoient été apportées
 fagot dans les Vaisseaux le Taureau & la Vierge-de-bon-Port, à l'assemblage desquelles les Charpentiers travailloient sur le rivage; il designa la plus grande pour le porter avec ceux qui le voudroient suivre, en tournant la pointe Meridionale de l'Isle; à la Baye saint Augustin sur laquelle il fit projet de s'établir, quand il auroit recueilly le succés du party que la Case conduisoit, qu'il y feroit marcher par terre, lors qu'il auroit residence incontestée. Depuis qu'il m'avo t veu hors d'état apparent de luy nuire; il m'avoit témoigné amitié, de sorte que le choisissant sur ses

sentimens pour les affaires presentes, & à mon sujet, pour celuy des Conseillers qui rapporteroit le plus volontiers, ce que j'avois dessein de dire au Conseil.

Le 12. jour d'Octobre il y leut une remonstrance que j'y faisois sur le mauvais employ des Soldats & des ouvriers, la nonchalance pour un établissement considerable, & demandois à être receu comme Conseiller à ce Conseil, pour y faire voir la possibilité de mieux faire : ou qu'il me fust delivré un acte qui contint les raisons, pour lesquelles il avoit commis à mon exercice. Le Gouverneur en sortant me dit que le President avoit retenu ma remonstrance, & répondu verbalement que je ne m'impatientasse point, & que dans trois mois je serois du Conseil Souverain.

Le 20. jour d'Octobre le Gouverneur suivy de soixante François, partit pour battre la campagne dans les Provinces d'Anoſſy & d'Amboulle, le Conſeil publiant que c'étoit à deſſein d'y prendre tous les fuſils que les Noirs avoient eus auparavant des François meſme, des Anglois & des Hollandois qui en avoient laiſſé en paſſant, pour aider les Negres à détruire l'établiſſement François.

Le 23. le Taureau fut mis à la voile pour aller charger de ris à Galamboulle, avec ordre au Capitaine de paſſer à Maſcareigne, & de ſçavoir de ceux qui y étoient reſtés, s'il n'avoit paru aucun Navire depuis, ayant été aſſeuré en France, que tous les Capitaines des bâtimens de la Compagnie, ſeroient chargés de reconnoître cette Iſle. Le Capitaine du Taureau avant de démarer, m'étoit venu trouver pour ſçavoir ſi ſes ordres étoient valables, & me dit que ſi je voulois il ne partiroit point qu'il n'en eut de signés de moy: Je le remerciay de la part qu'il prenoit en ma fortune, & luy fis croire que je l'estimois beaucoup meilleure en faisant doucement sentir aux Officiers leur tort & leur insuffisance, qu'en excitant ce refus qui donneroit peut-être lieu à une prompte ruine que je serois toûjours prest à donner ma vie pour empescher, & que je ne m'opposois point à l'execution de ce qui luy étoit commandé.

Le 2. jour de Novembre nous apperceusmes de la pointe de Tholanhare, au travers du broüillard qui s'éclaircissoit, un Navire qui descendoit vers le Sud au gré du vent & de la marée, le canon fut tiré qui avertit les Pilotes de leur erreur, & le Cap dressé sur le Fort Dauphin, nous vismes les Mariniers joüer de toute leur addresse, & faire tous leurs efforts pour gagner le Port : mais quoy qu'ils y employassent & quelque serré que

Q iij

le Vaisseau tint le vent ; il ne pût être si bien paré contre le courant, que le soir il ne fust contraint d'ancrer en risque à une portée de canon au dessous du Port. Il avoit été jugé dés qu'il parut pour l'Aigle-Blanc qui le 3. au matin moüilla l'ancre au Fort. Le Capitaine descendu pour rendre compte de son Voyage; dit que quinze jours aprés son départ de devant Mascareigne, il avoit pris terre à Galamboulle, & que les Commis que la Compagnie avoit fait passer dans son bord, s'étoient logés dans une habitation nommée le Fort Gaillard où ils avoient rencontré deux François; Que deux autres, un leur camarade & l'autre leur commandant sous les ordres du Gouverneur du Fort Dauphin, avoient depuis six mois, fait voile dans un Pyrogne pour la petite Isle sainte Marie scituée un peu au dessus de la hauteur de cette Province, & son abord ordinaire éloigné de quatorze lieuës de ce Fort Gaillard. Nous apprîmes que le Capitaine déchargé de dix-huit personnes, & de ce qu'il devoit laisser de marchandise à Galamboulle ; avoit tourné prouë sur cette Isle sainte Marie, & avoit été receu sur le bord d'une ance qui est à seize degrés quarante-sept minuttes de latitude, & regarde la terre de Madagascar à mesme hauteur, par ce commandant François qui étoit ensuite monté dans le bâtiment pour venir prendre party sous de nouveaux Ordonnateurs.

Pendant ce Voyage par l'intelligence des deux anciens François, les Agens de la Compagnie à Galamboulle, traitterent de ris avec les Negres à bon marché, le boisseau ne coustant que douze grainde rassade ou verre ; & l'Aigles Blanc revoyant le Fort Gaillard, il s'en trouva trente tonneaux qui y furent conduits diligemment, &

le Capitaine pressé de les mener au Fort Dauphin, pour le soulagement de ceux qui y seroient arrivés, & qui en étoient peut-être en necessité; ce qui n'étoit que trop vray, à cause de la negligence des François qui se considerans obeïs & reconnus Maîtres, par des tributs considerables & de ce qu'ils souhaittoient ; ne s'étoient point penés de faire des Plantages ; & le peu de liberté & de loisir qu'ils en eurent depuis la guerre avec Dian Mananghe. Le Capitaine fit lever les ancres, de la mesme façon qu'il y étoit invité : mais au plus grand desir d'avancer, un vent invincible non seulement s'opposa à la cingle du Vaisseau: mais l'ayant repoussé violemment ; le contraignit de relascher à la Baye de l'Isle sainte Marie ; il y tint quelques jours, le temps paroissant favorable, il en sortit & au bout de six autres jours, y rentra. Les Pilotes du
Vaisseau

Vaisseau peut-être mécontens de leur Capitaine, & peut être aussi voulans s'acquitter de bonne foy de leur devoir, accuserent ce second relaschement d'un interest secret de ce Capitaine & du Commandant dont j'ay parlé, qui entendit dire à quelqu'un des Matelots, que sa femme (il avoit épousé une Negre) avoit donné de grandes pieces d'ambre gris, & de l'or au Capitaine, pour du sallé, du vinaigre & des poids; & que le menaçant d'en demander justice au Conseil, le Capitaine voulut retourner en l'Isle pour s'en justifier, ou pour faire un troc irreprochable. Cette seconde fois il y rencontra le saint Paul, dont les Officiers le chargerent de lettres à rendre aux amis qu'ils avoient au Fort Dauphin.

Dans celles qui me furent écrites j'apris que le 17. jour de Septembre aprés que ce bâtiment eut vogue jufques au deſſus de la rade; il ne put furmonter le courant & s'élever hors de la veuë diſtincte de terre, qu'ayant tenu la mer juſques au lendemain; il avoit reveu le Fort Dauphin: & nous l'avions auſſi apperceu ce jour, ne nous accordans pas neanmoins à le bien reconnoître; qu'aprés le vent Nord-eſt enflant ſes voiles, l'avoit pouſſé en trois jours juſques devant Maſcareigne où il avoit ancré, & le Capitaine envoyé en Chaloupe à terre, pour y apprendre l'état de la ſanté d'un Officier qui y avoit été laiſſé deſeſperé de tous remedes, & à qui il avoit ordre d'offrir embarquement, ſi par merveille il ſe portoit bien, & de le deſcendre à Galamboulle, ou ſur l'Iſle ſainte Marie. Cét Officier parfaitement guery par le bon air & les commodités du lieu, remit au lendemain à ſe reſoudre pour le départ: mais un coup de vent impetueux força le Capitaine à quitter la rade avec la perte d'un cable, & d'une ancre, & à reprendre le large.

L'Aigle-Blanc que je ne suis pas d'avis d'abandonner, avant qu'il soit déchargé ; soulagea beaucoup l'habitation, des trente tonneaux de ris & de cinq cens poulles qui y furent logées.

Les Soldats commandés par le Capitaine precedemment gouverneur, ayant été plutost éloignés des charges du Fort Dauphin qui ne les pouvoit entretenir, qu'envoyés à une expedition où il y eust beaucoup à gagner : l'avis fut donné à leur chef de l'arrivée d'un Vaisseau & de ce qu'il portoit. Quatre jours aprés nous le vismes sur le bord de la mer, où il fut salué du canon des deux bastimens qui étoient au Port, & ensuitte il fut receu au Fort Dauphin au bruit des Mousquetades & au tintamarre de l'artillerie.

Pendant quatorze jours que ce Gouverneur employa à son Voyage & à son tour; il rencontra deserts tous les lieux qu'il visita, les grands Villages de la vallée d'Amboulle n'étoient point gardés, & à peine surprit-il quelques esclaves à la campagne, de qui il aprit que tous les habitans des Provinces qui pouvoient être exposés à la fureur de ses armes, s'étoient retirés dans des precipices & autour des montagnes avec leurs troupeaux : les sermens qu'il fit en presence de ces esclaves, de ne marcher que pour traitter de paix & faire amitié; tirerêt quelques Lavohits des antres où ils s'étoient cachés, si l'apprehension qu'ils eurent de l'embrasement de leurs Villages, n'en fut point le principal aiman, ils vinrent faire de longs discours, ceux qui avoient perdu des parens à la guerre pour les François, le redirent avec des circonstances courageuses, asseurerent que l'inclination de les servir étoit aussi forte en eux, & conterent ce qu'ils avoient déja fait eux-mesmes. Un d'eux Lavohit ou Seigneur de Village, tendant la main vers un quarré de pieus éloigné de deux cens pas du lieu où il haranguoit, le montra au Gouverneur, & luy dit qu'il voyoit les Emonouques ou tombeaux de trois Gentils-hommes son pere & deux freres qu'il luy nomma, morts sur ce champ en un combat qu'ils avoient donné pour les François, qu'il le prioit que leurs manes ne fussent point inquietés dans la promenade qu'ils faisoient autour invisiblement le jour & la nuit ; & que c'étoit le premier signe de paix qu'il luy demandoit. Le Gouverneur campa pour passer la nuit sur l'endroit où il étoit alors ; & le Gentil-homme Affriquain, quoy qui luy eust été promis, craignant que les pieus des

Emonouques ne fuſſent employés à entretenir les feux qui ſeroient allumés, fit apporter proviſion de bois par des Negres ſes vaſſaux, & conſerva pieuſement ce qu'il croyoit fatal au repos de ſes parens deffunts.

Le party qu'avoit mené le Gouverneur, étoit preſque entierement compoſé de nouveaux venus qui n'ayans point encore payé le tribut au climat, & aux exhalaiſons differentes qui ſortent de differentes cauſes de celles de la terre de France : tomberent tous malades ; huit pendant le Voyage qui furent ramenés au Fort dans un Pyrogue, & les autres aprés leur retour : mais qui s'en tirerent plus reſolus à recommencer, ayans reconnu la beauté & la douceur des lieux ; qu'ils n'avoient été d'entreprendre.

Je ne puis rien rapporter de remarquable juſques au dernier jour de Novembre, que l'attente d'une secõde flotte souhaittée ardemment de tous ceux qui affectionnoient le bien de la Compagnie, qui voyoiét le deplorable état où la dissipation continuelle de ce qu'elle avoit de plus precieux, l'entraisnoit, & ce qui devoit être pour le durable soulagement de tous, englouty par huit ou dix debauchés qui donnoient souvent le spectable & le mépris pour la Justice, d'en montrer les piliers chancelans à la porte de la Case d'où ils venoient de s'enyvrer, ou renversés sur le sable à la descente de la Chaloupe d'un Vaisseau d'où ils arrivoient. Heureux! de n'avoir rien de commun avec ces infidelles & immoderés Agens, dont le train de vie pernicieux à un interest, qui s'il eust été bien ménagé, feroit maintenant un des plus agreables entretiens de la France, l'a encore tellement été à eux mesmes, qu'ils ont presque tous pery de leurs excés : coupables de la mort de ceux qu'ils ont fait perir de necessité, car je répons sur mes experiences, qu'il y a des mesures à prendre à Madagascar, qui peuvent faire vivre & mourir les gens à peu de frais. Je ne suis pas assés injuste pour pousser mes ressentimens contre la personne de Monsieur le President du Conseil, la foiblesse & l'obsession où il a toûjours été, ne luy permettoient pas de sçavoir exactement ce qui étoit à faire : Il songeoit tout de bon en ce temps, à partir de ce monde, étant outre ses autres maladies, beaucoup offencé d'une cangrene mal soignée & devenuë necessairement mortelle ; & voulant finir dans toutes les regles d'un bon Crestien, le Superieur de la maison des Missionnaires me vint trouver de sa part le dernier jour du mois de Novembre, & me pria d'aller voir un homme mourant qui ne s'attachoit plus aux interefts de la terre. I'y fus volontiers dans des fentimens de pieté pour fon grand âge, & de compaffion pour fa douleur, que je luy voulus témoigner en entrant dans fa chambre où il étoit feul pour le refpect de cette entreveuë; & luy elevant fa voix le plus qu'il luy fut poffible auffi-toft qu'il m'apperceut, me cria, point de rancune M. S. Je vais mourir, que demandés-vous de moy? Je luy répondis que je ne fouhaittois rien tant que fa fanté; & que fans doute s'il euft été en état d'agir dés le commencement que nous avions occupé l'Ifle, & depuis que les autres Vaiffeaux étoient arrivés: la Compagnie feroit en autre avance, & que je ne me ferois jamais feparé de luy pour aucun autre intereft. Il m'affeura qu'il avoit toûjours eu de l'amitié pour moy, & me dit que s'il avoit fait quelque chofe qui ne répondift pas à cette amitié; il m'en demandoit pardon ; & que si je luy avois causé des déplaisirs que son amitié ne meritoit pas ; il me les pardonnoit de bon cœur & les mettoit aux pieds du Crucifix : mais que j'avois d'autres gens en teste, qui me pretendoient faire un grand procés, sur l'acte que j'avois fait rapporter au Conseil le 12. jour d'Octobre, & entre les plus échauffés il me nomma un certain Chervy qu'il traita d'infatué ; il m'asseura que Montaubon luy succederoit à la Presidence ; & me dit qu'il falloit m'ajuster au temps, que quoy que je fusse fondé en Lettres patentes & en grand zele pour le service de la Compagnie, il étoit de ma prudence d'être entraîné à la forme de gouvernement que les plus forts voudroient donner, & m'offrit sa mediation pour nous reünir avant sa mort. Je m'empesché long-temps du triste aveu que son mal étoit prest à le faire succomber : mais je me vis invité par sa resolution à l'entretenir de ce qui arriveroit quand il ne seroit plus ; & aprés me montré tel que j'étois ferme sur mon retour que mon raisonnement porté sur mille reflexions m'avoit fait paroître necessaire. Il me parla & se plaignit des diminutions que la Compagnie avoit apportées à l'authorité qui luy avoit été promise, & je me plaignis aussi premierement d'un brevet de Secretaire du Roy qui m'avoit manqué ; & ensuitte de ce que je ne luy succederois pas, belles visées dont on m'avoit flatté à mon depart de Paris. Avant que je sortisse, il me découvrit des sentimens revés dans un long accord de pensées, sur l'état de l'homme pendant sa vie & aprés sa mort, & me laissa raisonnablement dequoy ne la craindre guere. Peut-étre que quelque jour aprés que j'auray satisfait publiquement à ce que je me dois pour mon Voyage, & que j'auray oublié le mélange des langues qui rompent & font encore bégayer la mienne; je diray plus poliment ce que j'ay apris d'un perſonnage ſi éclairé qui m'a été prodigue de ſes lumieres lors qu'elles ne pouvoient être trompeuſes. Il étoit grand Philoſophe, grand Medecin & d'un génie trop élevé pour être exact politique.

Le 7. jour de Decembre l'Aigle-Blanc fut remis à la voile pour Galamboulle, d'où le Conſeil s'impatientoit d'attendre le Taureau, & une proviſion conſiderable de ris, qu'il eſperoit.

Le 14. à deux heures & demie aprés midy, mourut Meſſire Pierre de Beauſſe Preſident Garde-des-Sceaux du Conſeil ſouverain de la France Orientale; à huit heures du ſoir il fut ouvert, & ſon cœur tiré dont il avoit ordonné la partie ſuperieure être reduite en poudre, enfermée dans une urne d'argent & portée à son épouse. Le lendemain il fut enterré ; & quand je repasse ce qui disparut avec luy : je pleure les belles qualités qui acheverent de s'évanoüir alors, car il avoit en santé de tout ce qui fait un agreable & sçavant homme, & ne manquoit que d'abondance de biens de fortune dont il avoit long-temps cherché la clef, dans Hermes & dans Raymond-Lulle ; un grand amour pour sa famille luy fit tenter ce dernier moyen & le risque de courir les mers & de nouueaux mondes, pour en acquerir : Des terres éloignées & l'embarras d'un employ souverain lui firent auoüer en forme de reflexion, que l'homme a beau courir, la mort l'attrape, plus il s'éleve, mieux elle le voir, & que le grand poids des affaires qu'il entreprend fait marcher plus viste les ressorts qui la font avancer.

J'avois porté de fortes esperances

de succeder à ses charges, & bien qu'il m'eust expliqué leur destin ; sçachant que le Superieur des Missionnaires avoit entre ses mains, une boëte à ouvrir en cas de mort de Monsieur de Beausse chés qui le scellé avoit été apposé : je m'opposé à la levée de ce scellé jusques à ce que cette boëte eust été ouverte ; & demandois d'y être present : Montaubon répondit de bouche à celuy qui luy porta cét acte, qu'il luy deffendoit de le signifier, que cela étoit déja fait ; & qu'il y avoit des Lettres patentes du Roy expediées en son nom, pour la charge de President du Conseil.

Le soir du matin de l'enterrement du President, le *Te Deum* fut chanté pour cette nouvelle promotion.

Le 16. je fus voir ce premier Officier, & luy dis que beaucoup de marques m'avoient apris qu'il y avoit du changement aux affaires de la Compagnie, que je le priois de m'en inſtruire entierement, afin que je me conformaſſe aux diſpoſitions de la direction. Il me répondit que le Superieur de la Miſſion, avoit en ſon particulier ouvert une boëte qui étoit entre ſes mains, luy avoit apporté des Lettres patentes de Sa Majeſté pour occuper en la place qu'avoit tenuë Monſieur de Beauſſe, & qu'il n'avoit connoiſſance d'aucune autre choſe. Nous vinſmes enſemble au Fort, il logeoit dehors dans la maiſon des Miſſionnaires, & ſur ce que je luy ſoûtenois qu'il avoit veu ouvrir la boëte, & que c'étoit une action de caballe que de ne m'y avoir pas appellé ; appercevans ſortir le Miſſionnaire de la Chapelle, nous l'approchaſmes & il me fit dire que non. Je ſçavois certainement que ſi, d'un de quatre autres qui y avoient été preſens avec luy.

Le gouvernement continua de meſme qu'il avoit été, & dans une ignorante tranquillité ; il ne s'executoit rien qui profitaſt d'aucune choſe à l'intereſt general.

Vers la fin de ce mois de Decembre, des Negres ſujets du Fort Dauphin y apporterent des pierres jaunes & d'autres brunes, nous les cruſmes precieuſes, eſtimans les jaunes Topaſes & les brunes de la meſme eſpece, mais qui n'étoient pas encore parfaites. La ſource en fut découverte dans un étang que forme à deux lieuës de la mer, une Riviere qui y tombe à la pointe d'Itapere. Les Negres connoiſſans trop bien l'avidité de chaque particulier pour cette marchandiſe, la firent cherement valoir, & denuërent par leurs trocs, preſque tous les François de ce qu'ils avoient de commodités pour leurs vêtemens & pour leurs ménages, dont ils commencerent à ſe ſervir comme nous, & à ſe faire nos Singes. Les François voulurent

rent aussi pescher de ces pierres dans la mine: mais les Crocodilles qui paroissoient souvent sur l'étang, les épouvanterent la pluspart; & ceux qui s'y hazarderent, furent rebutés par la puanteur de l'endroit qu'il falloit broüiller & tâter avec un bâton, puis au sentiment d'une pierre deracinée, se plonger & demeurer du temps caché sous la vaze. Ces Crocodilles ou Jarquarets sont frequens dans toutes les Rivieres & les Etangs de l'Isle: J'en ay veu dormir sur les joncs, sur les roches & sur l'eau flottans comme de longues pieces de bois; quand ils chassent, ils entraisnent facilement un bœuf de dessus la rive en leurs cavernes, & friands plus que de tout autre mets de chair d'homme & de chien; ils accourêt infailliblement au lieu où ils en ont entendu ou distingué, s'ils ne sont epouvantés d'un bruit confus & de plusieurs ou éclatant;

S

comme de coups de piſtolet & de fuſil. Un Negre m'a fait remarquer une large bleſſure qu'il a dans le haut de la cuiſſe, qu'il m'a dit luy avoir été faite par un de ces animaux qui le ſurprit & l'emporta; & m'a conté, choſe que je n'oſe preſque croire, que l'ayant laiſſé dans un grand trou; il en fut chercher d'autres qu'il amena au Feſtin: mais que luy ſe ſentant demordu & abandonné, étoit remonté ſur le bord d'où il avoit tres-bien veu, que les invités avoient mis en pieces celuy qui l'avoit pris : jugeant qu'ils ſe vangeoient d'avoir été abuſés. Sot animal ! de ne pas montrer aux conviés le regal qui les attendoit encore. Ces bêtes-terribles ne ſont neanmoins pas imprenables, les Negres vont ſur un endroit où la perte de quelque homme, bœuf ou chien eſt arrivée; ils portent une longue corde d'écorce d'arbre, au bout de laquelle eſt attachée une chaîne de fer qui finit par un gros crochet où tient la moitié d'un cabrit fraîchement écorché, dans lequel ils cachent encore une verge de fer qui est liée au crochet. Ils jettent cette amorce dans l'eau, aussi avant qu'ils peuvent, cinq se retirent ne quittans point le bout de leur ruse, & le sixième demeure sur le sable & y fait crier un chien de la voix duquel le Crocodille appellé, approche & chemin faisant, avalle la machine qui est incontinent tirée par les six Negres; le crochet & la verge de fer s'attachans à ses entrailles, il est amené sur le rivage & assommé à coups de levier. Les Crocodilles sont ordinairement gras & de chair blanche, que les Negres mangent, & trouvent aussi bonne que celle de veau.

Les pierres coûterent quelques hommes du païs, ce qui n'est pas aux François sujet de grande douleur.

Le 5. jour de Ianvier entre midy & une heure, nous eusmes au Fort Dauphin à vingt-cinq degrés dix minuttes de latitude meridionale, une éclipse de Soleil qui auparavant & aprés parfaitement lumineux, ne nous permit pas de voir en ce temps-là plus que ce que nous appellons entre chien & loup. Pendant le reste de ce mois le Capitaine du Vaisseau la Vierge-de-bon-Port, travailla à se preparer pour partir, & retourner en France au commencement du mois de Février ; & demanda au Conseil provision de ris, ne croyant pas avoir assés de biscuit, des barriques de bœuf salié, d'eau de vie, d'huille & de vinaigre, car de vin d'Espagne, il en avoit assés reservé pour six mois d'entretien de la chambre de Poupe. Le ris étoit ce que le Conseil plaignoit le plus de donner, veu le peu qui en restoit au Fort : mais l'esperance d'un Vaisseau de Galamboulle, le faisant hazarder à s'en defaire: il en fut embarqué trois tonneaux, & presque tout ce qu'il y en avoit dans le magazin; obligeant le Capitaine à repasser trente hommes ou plus, s'il luy étoit fourny davantage de vivres.

Le premier jour de Février nous eusmes nouvelles que la Case étoit arrivé à Manambarre; de retour de son expedition, & cette grande joye fut redoublée par la veuë d'un bâtiment qui parut cinglant cap sur la rade du Fort Dauphin, & fut peu aprés reconnu pour le Taureau qui ancra au port à deux heures aprés midy.

L'Ecrivain descendu à terre, dit que depuis le 23. Octobre jour que ce Vaisseau sortit par les ordres que le Capitaine en receut, il en vogua huit pour gagner l'Isle de Mascareigne devant laquelle il moüilla. Vous remarquerés icy que, quoy qu'exactement cherchée par nos Pilotes, l'Isle que les Cosmographes établissent entre Madagascar & Mascareigne, & qu'ils appellent sainte Apolonie, n'a point été trouvée, & que nous la croyons imaginaire ou flottante. Le Capitaine Kercadiou tint quatre jours à l'ancre & l'Officier que l'Admiral avoit été chargé d'embarquer s'il le vouloit, aimant le plaisant air du lieu où une maladie jugée incurable l'avoit quitté ; voulut differer à prendre route pour Madagascar, jusques à ce que le Taureau revint au Fort Dauphin ; le Capitaine Kercadiou promettant de repasser par Mascareigne. Aprés les ancrés levées ce bâtiment vogua neuf jours, pour atteindre la hauteur & la veuë de Galaboulle, où le Capitaine ne s'arresta pas y ayant experimenté la rade mauvaise, & tourna proüe sur la Baye de la petite Isle sainte Marie. Il y rencontra le saint Paul que le Capitaine avoit fait delester & carenner. Le Lieutenant du Taureau & quelques passagers descendirent en Chaloupe, & tandis qu'ils vont à Galamboulle, & que le Lieutenant s'employe à la traite du ris avec les Commis de la Compagnie : je puis faire un tour dans le saint Paul.

Cette Fregatte bien faite, & viste (car il preside un sort sur les Vaisseaux, qui fait que souvent la construction la plus reguliere ne leur donne pas des aisles, & le hazard ou ce que nous ne connoissons pas, est maistre de leur legereté) étoit armée de trente deux pieces de canon, bien fournie de munitions de guerre & de vivres, d'argent & de marchandises, commandée par un vieux & experimenté Capitaine, & manouvrée par quatre-vingts Matelots des plus vigoureux du monde. Vn Marchand y étoit embarqué avec vingt Commis & passagers, qui le fuivoient pour faire valoir le commerce. Toutes ces apparences fembloient devoir produire un grand fuccés : mais une vieille querelle renouvellée déconcerta tout cét appareil, & perdit le fruit qu'auroit eu cette difpofition. Pour monter à la fource du defordre, vous fçaurés, qu'avant que les quatre Navires fiffent voile de la rade de Breft, trois y avoient demeuré quatre mois, en attendant l'Admiral qui fut ce temps fur mer, à venir du Havre de Grace à Breft ; longueur extraordinaire dont le Capitaine fut creu coupable, & accusé par ce Marchand qui avoir paffé en ce Vaiffeau, & mis pied à terre à Belle-Ifle à une feconde fois qu'il relafcha ; pour en venir par une autre voye, rendre témoignage au directeur de la Compagnie, & fe plaindre encore d'un Lieutenant paffager & de fon Enfeigne qui s'étoient liés

liés d'amitié au Capitaine du bâtiment, qui l'avoient obligé à ceder en toutes rencontres, & traitté autrement qu'il ne croyoit meriter: Le directeur soûtint le ressentiment de ce Marchand, & voulant instruire de quelle nature il pretendoit l'affaire des Indes; cassa ce Lieutenant & son Enseigne, & mal-traitta de paroles le Capitaine qui consommé dans les belles connoissances de ce qui se voit & se devine de plus illustre dans l'Univers, les avoit ressenty avec des dépits qu'il m'a souvent communiqués depuis, & qui me paroissoient extrémement emportés en un homme de soixante ans, par tout ailleurs sage & defiant. Il quitta la France en cét esprit, & le Marchand embarqué dans un autre Vaisseau, vogua sur la mesme route: Le Conseil de Madagascar, où parmy beaucoup de petites fourbes que des interests particuliers
T

conduisoient, il ne se trouvoit point de cette vertu naturelle aux bons genies, à qui si la prudence n'ouvre pas les yeux pour tout prevoir, le jugement fournit de souverains remedes, les rejoignit en confirmant une nomination hazardée; & le Capitaine offencé vivant froidement avec son hoste qui s'emancipoit à un commandement trop ample, sur la protection du temps passé; le voulut reserrer au commerce, & tenir le timon de la Navigation. Les mouvemens des chefs font ordinairement agir les puissances des dependans, les Matelots & les passagers se partialiserent, & les paroles rudes & facheuses des gens de marine, n'hesitant point à des reproches & à des injures; il y eut des coups rüés, mais que le Capitaine punit severement sur les siens, & s'opposa sagement au redoublement de ces extremités. Le Capitaine du Taureau tascha de toute son adresse, d'accommoder ces differends, & d'unir les deux parties qui donnoient le branle au remuëment : mais il n'y put rien avancer, & fut contraint de laisser le cours au deperissement de la Compagnie. Le Marchand s'étant fait conduire en Chaloupe à la promenade à Galamboulle, manda au Capitaine de l'y venir prendre ; & parce que la rade y est tres-dangereuse, & que le Capitaine craignoit d'y perdre son Vaisseau, ou d'être blasmé & peut être puny de s'y être hazardé : il fit dire au Marchand de luy écrire ce qu'il luy mandoit de bouche, pour luy servir d'ordre & d'excuse ; le Marchand n'en voulut rien faire, le Capitaine ne demaroit point ; & ainsi quelques jours se perdirent encore jusques à ce que le Capitaine cedant, fut se recharger de son adversaire qu'il ramena devant sainte Marie, & trois jours aprés en partit pour Antongil. Cependant le Lieutenant du Taureau aidé des Commis de la Compagnie qu'il avoit trouvés sur les lieux, visitoit les Negres & pressoit la troc de ris pour de la rassade : mais depuis que l'Aigle-Blanc étoit party de Galamboulle pour le Fort Dauphin, le Commandant du Fort Gaillard avoit entierement gasté le commerce ; & ayant forcé & mal payé quelques uns des habitans, ils s'étoient presque tous retirés & avoient caché leur ris ; de sorte que la vigilance de l'Officier, ses promesses, & l'effectif étalage de ses marchandises devant ceux qui étoient restés ; n'en pûrent obtenir d'aucun de ces obstinés, à qui il fut conclu de faire la guerre : mais les François conduits au Fort Gaillard, ayans payé leurs bien-venuës de quelques accés de fiévre, dont ils n'étoient pas encore parfaitement rétablis : l'execution en fut différée jusques à la possibilité de l'entreprendre. Le Lieutenant remonta en Chaloupe, & joignit son Capitaine qui fit mettre Cap sur Antongil. La pointe de terre qui tient le côté Meridional de la Baye d'Antongil, n'est éloignée que de trois lieuës de l'Isle sainte Marie ; la Baye est profonde de quinze, capable de garder un nombre infiny de Vaisseaux à bon abry ; à une lieuë du fond, il y a un Islot nommé Marosse, derriere lequel le Taureau mouilla l'ancre à demy lieuë du saint Paul qui étoit plus prés. Le Capitaine Kercadiou trouva nouveau desordre dans l'Admiral, le Capitaine ne vouloit point livrer les marchandises au Marchand ; parce qu'il avoit menacé de ne secourir les Matelots d'aucuns rafraischissemens, qui refusoient absolument aussi de se voir dessaisir d'un si grand recours : Il les accorda sur ce point, le Capitaine en retenant une partie par ses mains, dont il donna receu au Marchand qui fit dessein de planter le piquet sur le bord de la Baye, où le Lieutenant du Taureau commandant cinquante Matelots des deux Vaisseaux en rade, enferma un fort de pieus qui fut nommé saint Loüis, & bâtit des Cases en quatre jours. Un vieil naufrage avoit laissé quatre pieces de canon de fer, à cinq brasses de fond dans la mer, que pour peu d'argent les Matelots se hazarderent d'entourer de cables en plongeant : ils les tirerent sur le sable; & ensuitte les placerent aux quatre coins de la Forteresse. Le grand du païs nommé Philarive, en guerre contre un autre grand son gendre nommé Philfanon, se rendit aux François, & crainte, disoit-il, de son ennemy & de ses sujets mesmes qui n'approuveroient peut-être pas cette amitié, demanda & fut receu à se refugier au Fort saint Loüis, & y fit venir un Hollandois degradé en ce lieu, qui avoit apprehendé remarquant des voiles, qu'elles n'amenaſſent de ſes compatriotes & qui trouvoit dangereux d'être veu en cét état. L'alliance de Philarive, ne produiſit rien de ce que cherchoient les François, & ſoit qu'il n'en euſt effectivement pas, ou qu'il diſſimulaſt de mauvaiſes intentions, & un eſpionnage ſous des geſtes affectionnés ; il ne fut point negotié, ny enlevé de ris par ſon moyen. Le Lieutenant du Taureau admirablement ardent & infatigable, prit la Commiſſion d'aller chés Philſanon ennemy de Philarive, & d'y reconnoître ce qu'il y avoit à faire. Ce Philſanon demeure ſur la pointe Septentrionnale de la Baye d'Antongil, & eſt puiſſant Seigneur en ce quartier. Le Lieutenant y arriva accompagné de ſix Soldats, & de huit Matelots ; il fut trouver Philfanon, auquel il dit par un Interprete ancien François das l'Ifle, & l'un de ces six Soldats ; qu'il venoit de chés Philarive de qui il n'étoit pas satisfait, & que s'il vouloit luy donner une quantité de ris qu'il luy nomma, & qui font cent tonneaux de nôtre compte : il promettoit de luy livrer Philarive, & d'autres ennemis s'il en avoit. Philfanon protefta qu'il n'avoit point de ris dont il peuft se defaire, & pour regaler les François leur envoya un bœuf, des racines & du vin de miel ; les remerciant de leurs offres. Deux Flamans compagnons de la difgrace du premier & fous la protection de Philfanon, prierent le Lieutenant de les accepter pour Matelots. Il les emmena au bord le Taureau où leur camarade étoit déja.

Le Capitaine Kercadiou informé par des apparences si fortes, qu'il n'y avoit rien à gagner en ce lieu, le quitta pour revenir à sainte Marie, & laissa le Marchand dans le dessein formé de s'établir à Antongil avec quinze hommes qu'il retenoit, mettant dans le saint Paul un Commis en sa place, & quelques passagers pris dans le Taureau, pour suppléer en partie au manque de ceux qu'il reservoit.

L'Isle sainte Marie devant laquelle le Taureau rejetta l'ancre, peut rapporter beaucoup de ris : mais la negligence de ses habitans, n'y en a encore fait venir que fort peu : ceux de vingt villages de la Province de Galamboulle, y ont passé depuis cinq ans, dans des Pirogues & dans des Canots : mais qui songeans à une vie simple, n'ont fait aucune provision.

Pendant que le Lieutenant faisoit de nouvelles perquisitions à Galamboulle, où il s'étoit fait conduire en Chaloupe, & que le Capitaine tâchoit à pratiquer quelque chofe à fainte Marie : l'Aigle-Blanc parut, & moüilla auprés du Taureau. Deux jours aprés le Lieutenant y revint peu content de fon Voyage Le Capitaine Kercadiou ayant invité à difner, le Capitaine de l'Aigle Blanc, & ce Commandant dont j'ay tantoft parlé, qui paffé au Fort Dauphin dans ce Vaiffeau, retournoit chés luy par la mefme voye, pour commander la milice fur l'Ifle fainte Marie. Dans le vin & la bonne chere, il fe gliffa quelques marques du reffentiment du Lieutenant du Taureau contre le Capitaine de l'Aigle-Blanc, qui avoit, difoit-il, eu ce Vaiffeau à fon prejudice : Ils s'échaufferent fur la vanterie de leur merite, fe leverent pour en venir aux mains, furent retenus par les ordres du Capitaine Kercadiou & apparemment racommodés. Le lendemain le Lieutenant du Taureau fut en Chaloupe à Galamboulle, & un jour aprés l'Aigle Blanc y alla auſſi. Le Capitaine pria le Lieutenant de regal en ſon bord, leur querelle s'y réchauffa, & neanmoins le Lieutenant deſcendu en Chaloupe, le Capitaine but à ſa ſanté, & s'en fit faire raiſon à demy forcée par le Lieutenant. Deux heures aprés ſon arrivée à terre, il ſe ſentit extrémement malade, la Chaloupe fut envoyée au Taureau devant l'Iſle ſainte Marie, pour y querir le Medecin du Preſident, qui y étoit, & avoit quitté ſon Maître au fort de ſa maladie; aprés la mort le Medecin; le Lieutenant étoit paſſé quand il arriva. Le Capitaine Kercadiou d'auprés de qui l'Aigle-Blanc venoit de partir pour Antongil, ſurpris de la grande diligence de ce Vaiſſeau qui avoit fait un ſi prompt retour de Galamboulle, & qui s'éloignoit ſi viſte; & de cette mort precipitée, la ſoupçonna de poiſon; & ne luy étant uy possible ny permis de la vanger; la soûpira; car il y perdit l'ame de son Navire, & le plus adroit & hardy Matelot de nôtre flotte. Il fit lever l'ancre le 23. jour de Ianvier de l'année 1656. & au soir la fit rejetter devant Galamboulle, il alla au Fort Gaillard, y vit tous les François en parfaite santé, & douze d'eux prests à marcher en party pour faire la guerre aux Negres; il se rembarqua indisposé, tomba incontinent malade; & se le sentant déja beaucoup: le 25. il fit mettre à la voile & tourné du côté où il imaginoit Mascareigne; il demanda excuse à l'Officier qu'il avoit promis d'y prendre & commanda la route droit au Fort Dauphin. On n'y attendit pas la fin de l'histoire de l'Ecrivain, pour ordonner toutes choses necessaires au soulagement de ce Capitaine qui fut apporté en une cabane, logé chés les Missionnaires, & visité de tous les François dont il étoit generalement aimé.

Auſſi-toſt que le Navire avoit été arreſté, le Capitaine de la Vierge de bon Port s'y étoit fait conduire en Chaloupe, & ſur l'effet d'un engagement mutuel de parole de s'entre-ſecourir ; il obtint du Capitaine Kercadiou, deux cens poulles qui étoient preſque toute la traite de ſon voyage à Galamboulle, Antongil, & ſainte Marie, leſquelles il fit paſſer en ſon bord, pour ſervir aux neceſſités de ceux qui retourneroient en France.

Si cette courſe ne reüſſit pas pour les proviſiõs de bouche, elle fut extrémement heureuſe pour les bijoux & pour les parfums ; tous les Matelots avoient de l'ambre gris, & des coquilles où les plus belles couleurs étoient en leur plus grande vivacité, & l'argent en un éclat ſurprenant. Le rivage de la mer leur en avoit montré beaucoup qu'ils n'eurent aucune peine à receüillir : mais qui battuës du Soleil, avoient perdu de leur luftre auprés de fa lumiere & opposées à fon ardeur. Il fut avisé d'en aller détacher du pied des rochers dans l'eau, & celles là vuidées des poiffons qui y habitoient, furent confervées par chaque particulier qui efperoit faire fa fortune, avec les curieux qui en embelliroient leurs grottes.

Le 2. jour de Février le Capitaine Kercadiou fatigué de quatre Voyages dans les Indes, & du chagrin de voir ce dernier fi infructueux par les divifions entre les Officiers, & l'infuffifance du plus grand nombre; paffa âgé de cinquante cinq ans, de cette vie pleine de troubles & d'inquietudes ; au repos que l'homme ne peut trouver qu'en la mort. Il étoit Breton, Gentilhomme d'extraction, & l'a été tant qu'il a vefcu en toutes fes actions.

Les travaux de ce Capitaine meritent un docte peintre, & si la France veut donner des Lauriers à ceux qui vont porter sa bravoure en des contrées si éloignées ; elle ne doit pas en être avare à cét illustre Voyageur, & luy fera justice de garder sa memoire, aussi long temps que la bronze pourra retenir les paroles qu'il merite que l'on y grave à son honneur. Pour moy qui ne l'ay pû quitter à l'agonie, pour me detourner sur un autre sujet qui m'invitoit à changer la matiere de mon discours ; je suis obligé de l'abandonner aprés sa mort, pour voir la Case arrivé au Fort Dauphin, & l'y entendre raconter l'histoire de l'expedition pour laquelle il étoit party au commencement du mois d'Aoust de l'année 1665.

La Case ayant receu l'ordre du Capitaine precedemment Gouverneur, qui se pretendoit encore Souverain pour ce party, de choisir rente François entre les anciens sur l'Isle, & de courir à l'enlevement de tout ce qu'il rencontreroit de bonne prise : Il leur donna rendés-vous à Imours, à trois lieuës du Fort Dauphin, où les ayant été trouver avec sa garde, comme je l'ay dit autre part, ordinaire de trois cens Negres, il fut coucher quatre lieuës par delà, au pied de la montagne de Vatemalesme; il fut un jour à la grimper & à la descendre ; & se rendit dans la Province d'Amboulle, où quinze cens Negres des Païs Bas de l'Isle, à qui il avoit promis part au butin, le vinrent joindre, & furent fortifiés de douze cens Amboullois sujets naturels de la belle Dian Non qui fit là ses adieux à son amy qui poursuivit son entreprise. Toute cette armée marcha pendant plusieurs jours, en un corps, jusques à une grande plaine nommée Itafoure qui est à l'entrée du païs des Mata-

tánes

tanes, où Dian Ramahaye & Dian Ramayrac grands en cette Province, & alliés des François, le premier commandant tirant vers la partie Occidentale, & l'autre plus prés de la mer & vers la partie Orientale de l'Isle, vinrent le recevoir & faire leurs presens. Ramahaye le plus riche donna soixante bœufs, & seize onces d'or en menilles. Ramayrac moins puissant presenta trente bêtes, & donna des menilles d'or & d'argent, le tout de moindre prix que ce qu'avoit donné Ramahaye. Inégaux en cette premiere reconnoissance, ils furent d'un secours également avantageux pour la guerre ; Ramayrac ne voulant pas ceder en ce point à Ramahaye, amena trois cens hommes à la Case qui les fit mettre en bataillon d'un côté, & ceux de Ramahaye en pareil nombre de l'autre, ordonnant aux deux chefs, de faire faire l'exercice à

V

leurs Soldats. Avec des hurlemens étranges, ces colosses, car ils sont tous plus hauts que nous de la longueur de la tête, commencerent à bondir élevés de trois pieds au dessus de terre ; puis se ramassans se cacherent sous leurs boucliers qui sont de bois couverts de cuir de bœuf ; & se releverent en tremblant leurs sagayes en leurs mains, & crians tane, tane, qui est autant que tuë, tuë : cét exercice repeté par ces deux partis pareils & opposés, les mit en jalousie l'un de l'autre & aux grimasses qu'ils s'entrefirent, s'étans donnés à connoître leur dessein, ils s'avancerent pour se rencontrer, & de l'image de la guerre, venir à des effets sanglans. La Case eut affaire de toute son autorité, & de menaces, pour retenir les sagayes qui branloient déja pour partir. Les deux grands camperent auprés de luy par son ordre, & leurs demarches furent veillées.

Un jour aprés, deux mille Amboullois que la Case attendoit, arriverent & l'armée complette du nombre invité à cette expedition: de trente François & de cinq mille six cens Negres, trois cens de la garde de la Case, quinze cens Ampatriens, trois mille deux cens Amboullois, & six cens Maratanois, la Case décampa prenant sa route en côtoyant la mer, reservant avec des provisions, Ramahaye pour commander quinze cens Negres; & ordonna à dix François & au reste des Negres que conduisoit Ramayrac, de faire route cinq lieues avant sur la terre, pour y trouver les moyens de subsister. La marche des deux gros, devoit les amener à la plaine de Manambambe, à dix-neuf degrés quarante minuttes de latitude, où la Case avoit marqué rendés vous; pour à cette entrée sur les terres de Dian Ravarasse principal ennemy; disposer son armée & la tenir preste au combat. La Case que le passage des rivieres plus larges à leurs chutes dans la mer, qu'en leur lit sur l'Isle; avoit retardé plus que ceux qui les traversoient ailleurs; vit des Villages en feu à son arrivée, que les premiers avoient embrasés, pour se vanger de la desertion des habitans, & luy mesme fasché de ce qu'il n'avoit été fait depuis Itasourre jusques-là, aucune prise qui ne fust déja consommée par les bouches de son armée; pour memoire de son dépit de la sterilité des lieux, fit allumer la grande Ville de Manampy, à dix-neuf degrés trente minuttes de latitude, & la laissant brûler derriere luy; s'arrêta une lieuë plus loin, dans la plaine du mesme nom. Les espions y rapporterent que Ravarasse avec dix-huit mille hommes, avoit paru sur les montagnes voisines: huit François écartés courans où ils esperoient trouver bon pillage, alloient éprouver funeste la rencontre de Ravarasse, si la Case n'eust en suivant l'avis des espions, & heureusement pour ces huit François, fait marcher ses troupes contre cét adversaire. Les armes à feu mirent à la troisiéme décharge, les ennemis en épouvante, qui fuyans confusement, n'échaperent pas tous ; & Ramahaye à qui le commandement de l'arriere-garde étoit demeuré par preference à Ramayrac, en tua cinq cens, & en fit autant de prisonniers. Je dois dire pour rendre justice à Ramahirac, qu'il étoit connu pour plus vaillant & meilleur guerrier que Ramahaye : mais la necessité d'alliés puissans, fit considerer à son prejudice, Ramahaye Seigneur d'un païs de plus grande étenduë, & plus peuplé. Pour satisfaire Ramayrac en quelque maniere ; il fut chef de cinquante Avant-coureurs, choisis entre les plus braves que la Case fit marcher pour n'être point envelopé, & afin que s'il y avoit des embusches pour surprendre le corps d'armée qui n'étoit que de François, ils les reconnussent, & en essuyassent le danger. La Case revenu dans la plaine de Manampy, resolut d'y garder le camp quelques jours, & envoya dix François & mille Negres en party au delà de la riviere de Manghouron, au païs des Lavaleffes ou porteurs de longues sagayes, qui sont les Blancs ou plutost Bazanés de l'Isle. Le principal point dont le chef étoit chargé, & à traitter avant que d'exercer aucun acte d'hostilité, étoit d'obtenir du grand des Lavaleffes, une fille que Pronis autrefois Gouverneur du Fort Dauphin ; avoit euë d'une femme Negre, & qui s'y étoit refugiée depuis l'absence de son pere : l'habitation Françoise avoit beaucoup regretté cet te personne qui paroissoit devoir devenir belle & bien-faite, & la Case informé qu'asseurement elle vivoit en cette Province, tascha, mais inutilement, de se la faire rendre; le refus du grand qui en avoit fait une de ses femmes, fut le pretexte du pillage, les François firent sortir de son païs quinze cens bêtes & huit cens esclaves qu'ils amenerent en la plaine de Manampy, où un autre party que la Case avoit luy mesme mené sur un avis qui luy fut donné, étoit revenu avec quinze mille bêtes & trois mille esclaves qu'il avoit trouvé dans des precipices.

Le grand des Lavaleffes étant sans doute en d'autres desseins que ceux qu'il avoit témoignés, s'étoit embarqué dans un Pyrogue & passoit la riviere, pour venir faire des propositions: mais un François du bord ayant imprudemment tiré dessus, abattit un de quatre de ses sujets qui étoient avec luy, & fut cause que le grand épouvanté regagna l'autre bord en diligence.

Il restoit encore un party en campagne, qui ne reüssissoit pas si promptement que les deux autres, que la Case ne pensa pas à propos d'attendre où il étoit campé; il resolut de lever le picquet de la plaine de Manampy, & de le replanter en celle de Manambambe, envoyant dire au chef de l'y joindre le plûtost qu'il pourroit. Il s'y rendit en peu de jours, & la reveuë exactement faite de ce qui s'y trouva, fut de vingt-neuf François, le trentiéme ayant été laissé malade au païs des Matatanes, de cinq mille cinq cens quatre-vingt Negres armis, de cinq mille esclaves, & de vingt mille bœufs ou vaches. Etant impossible de conduire tout ce grãd attirail par une seule route qu'en un tres long-temps, la Case pour l'accourcir,

courcir, fit trois corps de son armée, & trois corps de ses prises, & choisissant encore le bord de la mer pour son chemin, s'y fit suivre de dix François, de ses trois cens gardes, & des deux mille Amboullois qui avoient été, de cette Province, les plûtost prests pour l'armée, se chargeant de la conservation du tiers de ses captures. Huit François, Ramahaye, ses trois cens Negres & quinze cens Ampatriens conduisans le second tiers, prirent le milieu d'entre la Case & sa troupe; & dix François, Ramayrac, ses trois cens Negres & deux mille Amboullois qui marcherent les plus avancés sur la terre de l'Isle, chargés du soin du dernier tiers. Le rendés-vous donné à la plaine d'Itafoure, ils se presserent autant qu'ils pûrent de s'y rendre : mais les François du party de Ramayrac, firent leur route beaucoup plus incommodés, que ceux des deux autres qui retrouverent encore toutes les Cafes qu'ils avoient fait couvrir en venant, preftes à les recevoir, ceux-cy étans obligés d'en faire bâtir chaque foir, pour y paffer la nuit. Ils arriverent neanmoins prefque tous en mefme temps en la plaine d'Itafoure; où la Cafe fit partage aux Negres, aux Amboullois & Matatanois à proportion du tiers des prifes, & aux Ampatriens du quart, le furplus appartint aux François, toute l'armée congediée, excepté Ramahaye, Ramahyrac & leur fuite qui furent retenus pour la conduite des bêtes & de peu d'efclaves refervés. La Cafe pourfuivit fon cours & fut receu à Manambarre par fon amie Dian Nong. Le Gouverneur fut hardiment s'emparer du revenant bon de ce party, & fuivant la mode ancienne qu'il ne vouloit point changer, ayant laiffé à la Cafe par privilege de Commandant, les prefens qui luy avoient été faits pendant son Voyage, il prit pour le droit du gouvernement, la dixiéme partie de cinq mille cinq cens bêtes, qui fut tout ce qui en arriva de surplus, l'armée, l'égarement & le premier partage ayans retenu & consommé le reste; de quatre mille neuf cens cinquante qu'il y avoit encore aprés cette dixiéme partie levée; il en mit trois mille trois cens à part, qu'il dit être celle de Monsieur le Duc de Mazarin; & pour faire taire le President il luy en donna soixante, à un autre trente, & fit de petites distributions pour divertir les esprits de la reflexion qu'ils pourroient faire qu'on usurpoit les biens de la Compagnie : Les 1650. autres furent partagées entre les François de retour, le chef prenant pour deux; & parce que le Fort avoit besoin de vivres, le Gouverneur délivra douze cens bêtes de cette reserve de trois mille trois cens, à un garde-magasin, pour quatre écus chacune. Elles furent amenées proche le Fort Dauphin, par Ramahaye & Ramayrac qui nous dōnerent dans une petite plaine que regarde la principale porte, un divertissement pareil à celuy que la Case avoit eu dans la plaine d'Itafoure, sans mine neanmoins de se vouloir combattre. En les congediant ils furent priés, & particulierement Ramayrac, d'assister de leurs moyens, huit François qui avoient été envoyés en sa Province, dans le Pyrogue que nous avions veu aborder au mois d'Aoust de l'année 1665. nous sçavions qu'ils y étoient bien arrivés, & avoient habitation commode à vingt deux degrés de latitude. Ces deux grands partirent apparemment contens, & inseparables du service des François, sentimens qu'ils témoignerent à la Case, comme avoient fait tous les autres qui s'étoient employés dans la course, & qui ne connoissoient point d'autre Maître que luy. Ces marques d'une veneration extraordinaire, & l'importance visible d'un personnage à qui les inclinations des Negres étoient si bien acquises ; montrerent au Conseil la necessité de l'estimer : Il luy envoya une commission de Lieutenant, qu'il accepta, & peu de jours aprés, luy fit presenter une épée, pour le congratuler du succés de son Voyage. La Case qui n'avoit jamais bien sceu, s'il luy étoit avantageux de vaincre, & qui pendant prest de neuf années, s'étoit senty mal traitté pour sa valeur, à ces marques d'estime entra dans des affections resoluës, & proposa de faire le tour d'Isle, s'engageant de l'assujettir entierement avec deux cens François & les Negres qu'il offroit de mettre sur pied. Il fit un rapport dans lequel il se dit tout à fait informé de la façon de combattre, & des armes des Insulaires qui occupent depuis la Baye d'Antongil, jusques à la pointe de Madagascar au Nord, où ils se servent d'arcs & de fleches : mais rencontrant des gens qui s'entredemandoient si cela pouvoit être possible, & qui s'étonnoient d'un dessein, dont leur imagination exercée & assujettie à des objets rampans, ne pouvoit atteindre la conduite : sçachant que je me preparois à retourner en France, il me pria d'y asseurer de sa part, qu'en deux ans avec l'aide de deux cens François, & ce qu'il y apporteroit de ses intelligences, il conquesteroit toute l'Isle, & ne demandoit pour recompense, que de n'estre point recherché, pour rendre compte de ce qui luy seroit donné. Pour me faire voir en partie ce qu'il esperoit y profiter ; il me fit present de pierreries avec lesquelles je me crus

incontinent riche ; & le voyant affés mal ajufté pour un Heros, je
luy envoyay mes meilleurs habits
& mes dentelles, qui, s'ils n'étoient
dignes de luy, étoient du moins les
plus paffables de nôtre flotte pour
un homme de fon meftier.

Le 12. jour de Février à neuf heures du matin, un Vaiffeau fe découvrit doublant la pointe d'Itapere, la grandeur de fa coque le fit
eftimer l'Aigle-Blanc : mais les
hauteurs de fes mafts & la largeur
de fes voiles bien remarqués, le firent juger ce que nous ne connoif-
fions pas. Il entra au Port fous le
Pavillon François Marchand, jetta les ancres & falua de deux pieces
de canon qui compofoient toute
fon artillerie : J'étois déja embarqué dans la Vierge, dont le Capitaine n'attendoit que l'ordre du
Confeil pour partir ; & la Chaloupe de ce bâtiment mife en mer, ceux
qui y defcendirent, s'y firent con-

duire plutoſt qu'à terre. L'Officier que les deux Capitaines Admiral & Vice-Admiral avoient eu ordre, le ſecond au deffaut du premier, de prendre à Maſcareigne, & un chef de colonie party de France par ce dernier Vaiſſeau, monterent dans le nôtre, où nous ſceuſmes de ce dernier, qu'au mois de Iuillet de l'année 1665. deux Hourques du Port, de ſix vingt tonneaux chacune, l'une nommée ſaint Loüis que nous voyions, & l'autre ſaint Jacques, étoient ſorties du Havre-de-Grace, & avoient, ſuivant les ordres de la Compagnie des Indes Orientales, dreſſé leur route pour Madagaſcar; qu'aprés huit jours de cingle, le ſaint Loüis avoit été abordé par un grand Navire portant pavillon Oſtendois, dont le Capitaine connoiſſant le Pilote François pour avoir navigé enſemble, ne s'étoit guere informé, & l'auoit laiſſé paſſer, quoy que l'Oſtendois fuſt Pyrate. Que le ſaint Jacques s'étoit eloigné de ſa conſerve la voyant attaquée, & que depuis ce jour, ils ne s'étoient point retrouvés. Je ſceus enſuite que le ſaint Loüis s'arrêta devant l'Iſle ſaint Vincent l'une des Heſperides, ou du Cap Verd, où en attendant le ſaint Iacques, le Capitaine fit faire un demy Pont à ſon bâtiment qui n'en avoit qu'un entier, & tint un mois à la rade, au bout duquel il demara, & vit Maſcareigne au commencement du mois de Janvier de l'année 1666. ſans entre ces deux Iſles, avoir eu connoiſſance d'aucune terre ny d'aucun Navire. L'Officier qui avoit été laiſſé malade, & à qui le Commandant de vingt ouvriers qui étoient reſtés ſur Maſcareigne, obeïſſoit, receut ce chef de colonie & le Capitaine du Vaiſſeau, par qui il ſe fit rendre toutes les depeſches de France addreſſées au Conseil de Madagascar : Il les avoit apportés avec luy, & apprenant que ceux avec qui, quoy que malade, son ambition l'avoit fait caballer à Mascareigne, regnoient à Madagascar ; il les fit ouvrir au Fort Dauphin, & prendre part au gouvernement. Il y avoit peu de changement ordonné pour l'administration des affaires dans l'Isle depuis huit mois nommée Dauphine, quoy qu'il en fust arrivé à la direction en France. Les Officiers du Conseil reconnoissans plus de grandeur, par les noms des soussignés aux depesches, voulurent divertir le Capitaine du Vaisseau la Vierge-de-bon-Port, homme opiniâtre & persuadé de leur infidelité & de leur insuffisance, d'un si prompt retour ; & proposerent en le retenant, de luy donner le Taureau vacant par la mort du Capitaine Kercadiou & de son Lieutenant : mais il ne voulut point entendre au change & s'obstina sur son engagement à la Compagnie, qui luy promettoit le premier renvoy ; muny de toutes choses, il asseura qu'il partiroit, comme il le trouvoit necessaire, s'il ne plaisoit au Conseil de luy delivrer ses ordres : aprés huit jours d'application serieuse entre ces Messieurs, le Capitaine les eut enfin en trois articles qui disoient, qu'il prendroit de l'eau où il le croiroit à propos, qu'il relascheroit s'il le trouvoit bon, & arriveroit au Havre-de-Grace s'il pouvoit, avec trente François passagers, la plus part anciens habitans de l'Isle de Madagascar, trois Negres & quarante hômes d'équipage.

Le Conseil souhaittoit ardemment que je le quitasse, & eust bien voulu aussi, que je n'eusse jamais paru au lieu où il y avoit une puissance superieure ; car il sçavoit son merite à mon égard (& je ne me separe point de l'utilité de la Compa-

gnie) puisque les Presidens succes-
sivement, m'ont dit & fait dire
que si nous étions à vingt lieuës de
Paris, sans doute je leur ferois beaucoup d'affaires : mais que Madagascar étoit bien loin de Paris, &
que les plus forts y avoient raison.
Outre nombre de perils que j'ay
courus, & échapés de mains suspe-
ctes ; je n'ay pas voulu soupçon-
ner de mauvais dessein, un Officier Enseigne que j'avois logé par
amitié dans ma Case qui étoit assés spacieuse & divisée en quatre
chambres ; sur ce qu'un soir il tira
un coup de pistolet, & m'emporta
des cheveux avec trois balles qui
sifflerent à mes oreilles, & se plan-
terent dans un des pieus de mon
logis. Cét accident arrivé chés moy
à porte fermée, mit l'alarme au
Fort où j'étois établi de telle sorte
parmy les Soldats, qu'ils s'inquie-
terent beaucoup de mon salut ; &
pendant que j'y ay sejourné, de-

DE MADAGASCAR. 253

vant & aprés ce bruit, leur affection m'auroit, si je m'en étois voulu servir, tenu lieu de commandement souverain, reconnoissans bien que je me portois d'inclination forte à ménager leurs vies, qu'ils ont depuis presque tous perdu, manque de pourvoit à leurs necessités, avec ce dont l'excés continuel a aussi depuis suffoqué le Conseil & une vingtaine de Partisans de son infidelité. Le corps de ce Conseil me contraignit à le visiter par membres, pour avoir son consentement qu'il me rendit necessaire pour mon retour ; & qu'enfin il delivra au Capitaine en luy donnant son congé, sur vingt paris qui se firent au Fort Dauphin, que nous n'atraperions jamais France dans ce Vaisseau qui avoit fait vingt voyages en Amerique, & qui joüeroit de son reste au plus tard, en s'efforçant de redoubler le Cap de bonne Esperance.

Chapitre II.

Description de l'Isle de Madagascar & des mœurs de ses habitans.

PVis qu'une suite necessaire me conduit à parler encore pour mieux finir ce que le courant d'une vie inquiete m'a fait entreprendre : remarquons les montagnes, les plaines & les bois dont l'Isle de Madagascar est couverte ; les grandes Rivieres qui la traversent, les Bourgs, les Villes & les Villages qu'elle contient ; les peuples qui l'habitent, les richesses qu'elle cache, les fleurs & les fruits qu'elle produit. Les montagnes y sont frequentes, droites & hautes, celle de Vatemalesme dont j'ay tantôt parlé, n'est que des mediocres ; les François qui les grimpent, souffrent beaucoup : mais quand ils font au sommet, ils joüissent des plaisirs qu'ont ceux qui arrivés sur le mont Senis, découvrent le beau païs de Piedmont. Les plaines y sont toûjours vertes d'herbes odoriferantes, & de petits bocages que les ruisseaux entourent : elles sont foulées & tondues par des troupeaux de bœufs, de vaches, de veaux, de moutons & de cabrits, si la guerre ne les en chasse, pour être retirés dans des précipices resserrés entre ces enormes corps de roche. Il y a des spacieuses étenduës de grand bois si dur, que des premiers coups les coignées s'émoussent presque autant, qu'elles font d'impression sur les arbres qu'elles frappent', ils sont tres difficiles à abattre, & les rejettons du tronc ne sont au bout de vingt années pas plus gros que le bras, ainsi que nous l'avons connu sur ceux qui ont commencé à repousser, de la memoire d'un habitant François qui demeure à Tholanhare depuis vingt quatre ans. Ils font communement plantés par fillons, le fond s'éleve par petites montagnes longues & continuées, dont le pied se perd dans de petites vallées, où l'amas de feüilles & de branchages, d'eaux de pluye & quelquesfois de source, entretient une pourriture qui corrompt l'air, & rend les habitations proches mal saines particulierement aux étrangers. Ces bois sont d'un triste entretien & n'ont guere eu de mes visites : mais il y en a d'autres où la plus sombre melancholie peut perdre ses fureurs, & où j'ay souvent goûté le repos d'une solitude bien douce. Les arbres ne passent pas dix pieds de haut ; ils portent tous fleur ou fruit, les citroniers, orangers & grenadiers aigres & doux en sept ou huit differens degrés, s'y meslent entre d'autres arbres qui produisent des fleurs plus longues,

de la

de la mesme sorte & mesme odeur que le jasmin d'Espagne, & forment des berceaux que les plus adroits Jardiniers de l'Europe ; gâteroient en les touchant. Ces beaux lieux se rencontrent à mille pas du bord de la mer, & je croy que le sable delié que le vent y souffle, est un temperamment qu'il faut à ces arbres pour les nourrir. Les chats en font leurs retraites & leurs promenades : mais aussi farouches & aussi peureux que les lievres le sont en France. Les singes & les mones y sont quelquefois incommodes, ils y courent & sautent par brigades, ils attaquent regulierement un homme seul, les uns sur les arbres grinçans les dents prests à se lancer sur luy, les autres dessous qui l'environnent. Mon valet de chambre surpris à la chasse par une troupe de ces animaux, s'étant lassé en se deffendant avec son fusil, quoy qu'un des robustes,

Y

hardis & adroits garçons du monde, se vit prest à se laisser étrangler; & lors qu'il arriva au Fort, je m'étonné des embrassades qu'il faisoit à un grand chien, qu'aprés m'avoir conté cette guerre, il me dit l'avoir secouru. Les Negres soûtiennent que ce sont des hommes si faineans qu'ils ne veulent point bâtir de Cases pour se loger, ny seulement se donner la peine de parler. Les sangliers & les bœufs sauvages habitent dans les grands bois. Les mouches à miel & les vers à soye travaillent sur presque tous les arbres hauts & bas, les premieres dans des ruches qu'elles se batissent sur de fortes branches & quelquesfois dans les troncs creux, les autres à l'extremité des branchages dans leurs coques. Les canes de succre & le tabac y viennent sans être plantés ny cultivés. Le ris blanc croist en abondance dans les marets, le rouge un peu moins fertilement sur les montagnes. Il y a du raisin de l'Isle, qui vient par grains qui ont leurs queuës attachées au corps de l'arbre élevé de deux pieds ; je n'en ay jamais goûté de plus meur que du verjus, outre les citrons, les oranges & les grenades d'un goust exquis ; il y a des fruits merveilleux, l'ananas sort comme un artichaud, je ne puis comparer justement son goust, qui passe celuy du pavy & est beaucoup meilleur ; il tient la figure d'une pomme de pain, des bananes une maniere de figues, des lamotes comme des pruneaux violets, & des vontaques qui ont l'écorce comme des calbasses sont rondes, & ce qu'elles enferment est comme des poires de bon crêtien molles. Tout ce qu'y produit la terre se peut ceüillir deux fois l'année, au mois de Iuin & au mois de Decembre ; excepté les canes de sucre qui doivent être laissées deux ans sur leurs pieds, pour atteindre à une grosseur utile. Le tamarin y est tres commun, le poivre n'y est pas rare, la gomme de tacamaca, l'encens & le benjoin y coulent en quelques endroits. Il y a des mines de charbon, de salpêtre, & de fer dont les Negres font des razoirs & des instrumens à couper le bois. Ils ont de l'or & de l'argent : mais nous ne sçavons pas si ces metaux sont originaires de leur païs ; & j'estime que s'ils le tirent de chés eux, c'est de la partie de l'Isle la plus proche de la ligne, dont nous n'avons encore rien d'asseuré. J'ay veu à Madagascar, des rubis, des aiguemarines, des topases, des opales & des ametistes, du jaspe & du talc. Il y a des cristaux dans les rivieres, & sur les montagnes.

Outre ces marchandises qui seroient d'un commerce avantageux en Europe, & qu'il est necessaire de chercher & de conserver soi-

DE MADAGASCAR. 261
gneusement, la soye, le sucre, le tabac, le cotton, les cuirs, l'indigo qui s'y peut faire, l'ambre gris qui se trouve aux côtes, la gomme de tacamaca, l'encens, le benjoin, le poivre, l'huille de palma christi, les coquilles, les singes, les perroquets & l'ébene, peuvent fournir un revenu inestimable : mais tout cela n'est pas prest à embarquer ; il est répandu sur l'Isle, disputé en partie par douze cens mille Negres qu'il faut soûmettre en coupant les têtes les plus hautes, & reservant celles qui sont accoûtumées à la sujettion, il sera facile de faire cette execution si la Case est vivant : mais je croy qu'il ne le sera jamais d'y bien gouverner les François en l'établissement, autrement que par un seul de reputation bien affermie, & qui ait tenu en France un rang tres illustre.

L'homme Madagascarois est noir presque par toute l'Isle, & ba-

Y iij

zané en une seule Province, il est plus haut que le François, nud, excepté une écharpe ceinte, dont les deux bouts pendent l'un devant & l'autre derriere, sa demarche est fiere, ses gestes sont attrayants, & prend une mine riante & dissimulée, à l'abord d'un autre; son esprit est capable d'arts & de sciences; il s'applique à l'Astrologie; & je n'ay point veu de sortes de mestiers en Europe, dont il n'ait les ébauchemens & ne s'en serve; il est defiant & trompeur; & s'il est vaincu malgré sa force & ses ruses, il se condamne quelquefois luy mesme à la mort, plutost qu'il ne se soûmet au risque de la servitude, dans laquelle quand il s'est reduit, il est patient & politique; en guerre il suit toûjours son chef, fuit quand il le voit fuir, ou lors qu'il n'est plus. Il souffre la mort sans murmure, & reçoit dans le corps les coups de sagaye qui luy sont poussés, sans s'ébranler que quand il tombe de foiblesse, s'il est grand & vainqueur il est cruel, & extermine ordinairement la race de celuy qui étoit son ennemy. Chés luy il est galand, n'est jamais en colere ny triste où il y a des femmes. Il jouë, chante & danse. Il consulte son Auly avant de rien entreprendre, cét Auly est un amas de petits insectes, d'os, de cheveux, de pierres & de caracteres Arabesques écrits sur des écorces d'arbres; de tout cela il fait son Dieu, s'excite en sa presence, & montant son imagination, paroît un possedé qui répond à ses inspirations sur lesquelles il execute. Ce qui est entré en cét Auly, qui est quelquefois aussi grand qu'un hôme, n'en est jamais retiré. Avant la revolte de Dian Mananghe, des François passans aux Ampatres, s'arresterent chés un grand, il prit envie sur un chien barbet qui appartenoit à l'un d'eux, à qui il voulut donner en troc une parfaitement belle pierre, ce François trop accouplé à son chien, ne s'en pouvant si promptement défaire, n'accepta pas cette pierre qu'il ne pût obtenir pour aucune autre chose; & regrettant après d'avoir manqué un marché si precieux; il remena ce chien & retourna la demander: mais elle étoit dans l'Auly, & bien qu'il offrist de donner encore quatre cens bœufs; il ne l'en pût faire sortir. Les richesses du Madagascarois sont en troupeaux que les hommes gardent, & en plantages de ris & de racines que les femmes cultivent. Il demeure en Bourg, en Ville & en Village. Les Villages sont ambulatoires, quatre Negres élevét une Case sur leurs épaules, & la transportent alaigrement où bon leur semble: les Bourgs sont entourés de pieus & stables, & les Villes outre les pieus, sont munies d'un fossé profond & large de six pieds.

pieds. Le grand est logé dans ce qu'il nomme Donac qui est une maison de planches, autour de laquelle les plus adroits de la ville, viennent tous les soirs faire des postures & des cris de joye : Ils battent la terre de la plante des pieds, d'une telle force, que malgré sa solidité elle tremble autour d'eux, & se montent dans des emportemens qui les ont fait croire endiablés. Ils content par leurs hurlemens, les beaux exploits des ayeux de leur Souverain, exaltent sa valeur sur laquelle ils s'échauffent, & c'est là où ils s'endiablent & predisent des merveilles. Les femmes du grand dansent au son d'un instrument, dont chacune d'elles joüe, presque de la figure ; mais plus petit & moins raisonnant qu'une trompette marine ; elles se l'appuyent sur la mamelle droite qu'elles font entrer dans une demie calbasse qui est attachée à un bout, & touchent la corde de la main droite, en chantant comme les Espagnolles, & se suivans de mesme en dansant en rond. Si un grand vient en voir un autre, le visité preste à son hoste celle de ses femmes qu'il pense la plus capable de luy donner de l'amour, car ce luy seroit un affront insigne s'il ne s'en servoit pas, les sujets en usent de mesme à l'égard de leurs amis & des étrangers. Elles sont ajustées de coliers de grains d'or & de corail, de verroteries & de petit gris gris comme en portent celles du Cap-Verd, de qui elles ne different point aussi de mine ny de vêtemens; elles sont de mesme encore, de complexion fort amoureuse, & si leurs maris devenoient jaloux, ce seroit pour elles l'extremité de tous les maux. Le mariage Catholique leur engendre cét embaras, ceux qui se bornent à une femme, & à n'en pouvoir changer sont soupçonneux, espions & facheux jusques à tuër: mais il y est rare; ce ne sera que la force qui y établira le Christianisme, l'esprit de ces Insulaires est intraitable sur ce point, & il faut les soûmettre presque à l'esclavage, ou leur imprimer la Foy dés une tendre jeunesse. C'est surquoy il y a des mesures politiques à bien conduire, & à sçavoir occuper leurs côsciences, pour ralentir, & s'il se peut éteindre les affections de leurs façons de vivre de maintenant. C'est le premier motif qui doit mener dans les terres dont les habitans sont infidelles, n'étant point de gain comparable à celuy qui se fait pour le Ciel: mais puisque l'interest politique des Etats en est un autre, il n'est point de plus bel endroit que cette grande Isle de Madagascar, où si l'on s'entend bien, il ne manque rien pour l'entretien de la vie. Les plantes & les graines que nous y avons portées de Fráce, ont produit;

Z ij

un quarré de vigne y raporte depuis sept ans du raisin deux fois l'année. Le bled a poussé seulemēt en herbe: mais la grande activité de la terre neufve, en est la cause qu'il faut téperer par ces rapports inutiles. Les melons, les herbes potageres & les fleurs y font un plaisant jardinage, & ce que l'Isle conserve de son propre fond y retiendroit des habitans de tous les quartiers de l'Europe qui l'ont reconnuë; si les originaires les vouloient souffrir. La France peut seule en l'estime qu'est sa nation sur cette Isle, & en l'avance qu'elle y a d'un Heros : occuper ce que les Portugais, les Anglois & les Hollandois n'ont qu'envié, & dont ils ont tous quittés l'entreprise avec des témoignages de regret, gravés sur des pierres trouvées dans les habitations qu'ils ont tenuës. La prudence & la bonne conduite en feront dans la succession des temps, ce que nous sçavons qu'est maintenant l'Angleterre, où plutoſt une nouvelle France entre l'Aſie, l'Afrique & les Indes; & le centre des beaux arts, des ſciences, de la bravoure & de la galanterie de l'Univers.

Chapitre III.

Retour pour France.

TOutes choſes preſtes pour un depart neceſſaire le 20. jour de Février de l'année 1666. nous fiſmes mettre à la voile & à répondre les échos des rochers, qui nous rendirent cent coups de canon pour trois que nous tiraſmes en diſant adieu. Le vent trop foible à la rade, pour nous pouſſer en pleine mer, fut aidé de la force des Matelots qui virerent quatre fois ſur le Capeſtran, les cables arrétés par les ancres que le Capitaine en voyoit porter devant ; & aprés ce mesme Nord Est qui nous avoit fait perdre un an auparavant la veuë de terre de France, nous éloigna de celle de Madagascar Cap-Sud-Est. Le second jour nous mismes Cap au Sud & cotoyasmes à vingt lieuës de distance l'Isle Dauphine, & l'embouchure du courant du détroit de Mosambique.

Le 25. nous cinglâmes Cap-Sud-Oüest.

Le 26. un corps mort ensevely dans un drap, d'où les boulets de canon qu'on y avoit enfermés pour l'entraîner à fond, étoient sortis par un trou qui étoit vers les pieds, passa le long de tribord de nôtre Vaisseau, ce qui nous fit estimer qu'il y avoit des Navires peu éloignés, il n'en parut neanmoins point.

La nuit du 4. au 5. jour de Mars nous souffrîmes l'agitation & l'embaras d'une furieuse tempeste, le vent & les vagues battoient avec violence nôtre vieil bâtiment de qui nous apprehendâmes le mauvais tour qui nous avoit été predit, l'air étoit tout en feu qui éclairoit les lames d'eau qui luttoient contre nous & sautoient quelquesfois sur le tillac : ce que les Mariniers appellent feu saint Elme étoit attaché à nos masts : c'est une partie d'air enflamé qui s'y arrête & s'y prend visiblement ; mais sans brûler le bois ny les cordages, & je croy que les flâmes de thoile ou de taffetas que les Navires portent, en sont des imitations en grand volume : Enfin ce fut une tempeste des redoublemens du Cap-de-bonne-Esperance, complette en toutes ses incommodités & ses frayeurs.

Le 5. au matin nous découvrîmes terre devant nous, que nous evitâmes d'approcher. A midy hauteur prise de trente-trois degrés de la ligne, & cette terre connuë pour la côte de Cafrerie que nous n'avions pas dessein d'aborder, nous mismes Cap-Sud-Sud-Oüest.

Le 6. nous nous trouvâmes à trente-six degrés, & sceûmes avoir couru plus de quatre-vingts lieuës en vingt quatre heures ; ce qui n'étoit pas possible dans le Vaisseau où nous étions embarqués, que par des marées rapides qui nous avoient sans doute portés. Nous vîmes des loups marins endormis sur l'eau, & peschasmes des soufleurs à cette hauteur, poisson diminutif de la Baleine, qui a le sang chaud & porte son petit en ses entrailles.

Les 15. 16. & 17. nous fusmes tenus de calme.

Le 21. nous passames sous le Tropique de Capricorne.

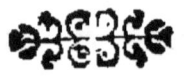

Chapitre IV.

Arrivée dans l'Isle sainte Helene, sa description & ses Habitans.

LE 30. jour de Mars à seize degrés, hauteur en latitude de l'Isle sainte Helene, nous la cherchâmes Cap-Oüest. A la pointe du jour 31. des Pintades que nous apportions dans des cages, chanterent, ce que nous n'avions entendu qu'une fois depuis nôtre embarquement ; lors que nous approchâmes la terre : à dix heures elle parut de prés ; le broüillard nous l'avoit cachée, elle est extrémement haute ; & inaccessible en presque tout son tour, les rochers qui la montrent, sont droits & tombent en mer sans laisser ny prise ny descente ce que les Mariniers appellent côte de fer. Vers le Sud elle est accompagnée à un quart de lieuë d'éloignement, d'une grosse roche sur laquelle il ne croist rien & n'habite que des oyseaux nommés Fous qui sont gris, & d'autres Fregattes qui sont les uns blancs & les autres noirs, qui couvent leurs œufs sur des pierres & vivent de petits poissons qu'ils attrappent en plongeant & de limon de la mer. Nous tournâmes l'Isle sainte Helene sans l'éloigner; car quand elle est échapée seulement d'une lieuë au Nord, les vents ne permettent plus de la reprendre. Nous cherchâmes sur l'experience de quelques Matelots qui y avoient autrefois mis pied à terre ; deux petites Bayes l'une auprés de l'autre, sur lesquelles nous esperions trouver habitation Angloise. Une Chaloupe partie du pied d'un Fort, portant Pavillon Anglois que nous saluâmes de trois coups de canon,

& fusmes remerciés d'un; nous approcha à la portée du pistolet, & un Officier demanda en langue Angloise d'où est le Navire ? Il fut répondu de France; de quel païs de France ? De saint Malo. D'où vient il ? De Madagascar. Le nom du Capitaine ? La Chesnaye. Qu'il descende, reprit l'Officier pour montrer ses Commissions au Gouverneur de l'Isle : nous le priâmes de nous dire où l'ancrage étoit bon, il répondit que nous pouvions moüiller asseurement à l'endroit où nous étions, & nous y jettâmes les ancres à vingt quatre brasses d'eau. Le Capitaine étoit malade & le Lieutenant s'apprestant à aller à terre pour luy, fut prevenu par le Lieutenant du Gouverneur, qui vint offrir amitié & de bons rafraichissemens, puis le Lieutenant du Vaisseau le suivit, fut au Fort & revint coucher dans le bâtiment.

Le premier jour d'Avril je me fis

conduite chés le Gouverneur qui me fit saluer sa femme & deux de ses filles belles & bien faites, qui aprés avoir tâté à une boisson chaude, m'en presenterent dans une petite tasse d'argent. Le Gouverneur ayant commandé qu'on appreftast son disner pour une heure aprés midy, qui est celle des François, (les Anglois ordinairement ne font qu'un repas & mangent à trois heures) me fit voir les curiosités de son cabinet, & celles que la mer luy produisoit. Il me montra sur le bord les ossemens d'un lamentin qui y avoit échoüé, & chés luy la peau preparée à mettre en juste au-corps qu'il s'aseuroit devoir parer le coup de pistolet. Il avoit le plus gros poisson volant qui eust, dit-il, jamais été veu d'homme. Il avoit de l'ambre gris, & d'autres choses dont il ne sçavoit pas le prix, pour étre marchandise inconnuë.

Vn ruisseau qui tombe d'entre deux grands rochers, au travers de l'espace où est établie l'habitation ; detourné par son ordre d'un courant gros deux fois comme le bras, & reduit en chute dans des tuyaux commodes aux Matelots, pour emplir les tonneaux d'eau : Il fit servir à disner tres-proprement, les viandes apprestées moitié à l'Angloise, moitié à la François : les Dames à la mode de leur païs ne faisant aucune ceremonie pour le rang, & placées aux premiers sieges ; nous beusmes tous dans le mesme verre.

Le Capitaine malade, descendu en Chaloupe & mis sur le bord de l'anse dans sa Cabane, fut par le commandement du Gouverneur, transporté dans la plus belle chambre de sa maison, & ayant besoin de repos, il resta seul, pendant que les Soldats & les Matelots s'employerent à voir & achepter de la civette, des bagues de Cornaline, des manches d'Agathe pour des coûteaux, du satin de la Chine, des porcelaines & autres marchandises des Indes Orientales, dont chaque Anglois dans l'Isle sainte Helene étoit bien pourveu : mais nous croyons qu'ils vendoient pour le profit du Gouverneur, ou pour celuy de la Compagnie de qui ils étoient entretenus de biscuit, d'huille, & de bœuf sallé. Ils étoient cinquante hommes & vingt femmes tresbelles, dans une demeure de la plus affreuse scituation que l'imagination se puisse figurer, environnée de rochers dont les yeux pouvoient à peine atteindre la hauteur, excepté un côté qui voyoit la mer & qu'elle moüilloit : ces épouvantables voisins resserroient un fort triangulaire dont deux bastions battoient sur l'eau de sept pieces de gros canon de fer ; & le troisiéme bastion étoit bien fermé & pouvoit servir de nouveau Fort si la place eût été forcée, avec la deffence de quatre pieces de canon de mesme calibre que celle des deux premiers bastions. A main gauche en entrant, étoit la maison du Gouverneur élevée de menuiserie apportée d'Europe, & couverte de thuiles. On montoit par un perron de six marches, dans une grande salle d'armès; les quatre coins de cette salle ouvroient quatre appartemens de trois chambres chacun joliment tenduës & meublées d'étoffes des Indes, de lits & de sieges d'ébene tournés & semés de boutons d'or; à main droite dans le Fort, étoient vingt Cases ou loges en un rang pour les Soldats de la garnison & les femmes de ceux qui étoient mariés. La veuë de nôtre Vaisseau y avoit fait faire assemblée generale des habitans de l'Isle, tous Anglois, excepté six Negres qui leur avoient été donnés par les Capitai-

nes qui les avoient enlevés à Madagascar en y faisant eau sur la Baye d'Antongil, ou sur celle de saint Augustin. Une fois en six sepmaine les femmes quittoient le Fort & alloient se promener sur l'Isle où elles étoient huit jours & revenoient. Il y demeuroit ordinairement des hommes à qui le Gouverneur avoit donné la garde d'environ quatre vingts bœufs & vaches qui y multiplioient leurs especes, & quatre femmes prenoient le soin de tirer le lait & de battre le beurre. Si l'accés eust été facile, les autres femmes s'y fussent promenées souvent: mais il est tres-penible & dangereux de grimper sur des échelles qui ne peuvent jamais être parfaitement bien affermies. Depuis six ans que les Anglois occupoient cette Isle, il n'y étoit mort qu'un homme qui se brisa en déroustant de ce Voyage. L'air y est tres-benin & l'ardeur du Soleil temperée par des ro-
zées

zées au matin & par de petites pluyes le jour. Cette Isle est fertile en pois, féves, raves, naveaux, choux, ananas, bananes, citrons, oranges & grenades. Les rats mangent le ris & le bled qu'on y seme. La vigne y produit du raisin, les cabrits y sont sans conduite. Il y a des chevaux, mais si sauvages que quand ils ont été poursuivis, iusques sur l'extremité, ils se precipitent du haut des rochers dans la mer plutost que de se laisser prendre. Les pintades & les perdrix y sont le divertissement de la chasse, & rien n'y est contraire à l'entretien d'une bonne vie, que ces rats à qui le Gouverneur promettoit de faire une rude guerre. Les commodités que nous souhaittâmes ne nous furent point épargnées, & nous reconnusmes les presens que les Anglois nous en firent, par d'autres de ce que nous jugeasmes leur être utile: mais le Gouverneur estimant beaucoup six chats musqués ou civettes, nous fusmes obligés pour passer nôtre appetit d'en avoir, de donner soixante pieces de cinquante-huit sols pour en faire embarquer deux.

Le Capitaine un peu moins malade, & neanmoins encore alitté, fut mené au Vaisseau couché en sa cabane, & le 7. jour d'Avril le Gouverneur Anglois, sa femme, son fils, ses deux filles, son gendre & sa niepce nous y vinrent dire adieu, & solemniser sur mer comme nous avions faite sur terre, les santés des Majestés de qui nous étions sujets. Les ancres levées & les voiles au vent, le Gouverneur mit en main au Capitaine des Lettres à rendre à la Compagnie des Indes Orientales à Londres, puis décendu dans sa Chaloupe qui n'attendoit que son ordre pour partir, nous fismes les derniers remerciemens par la bouche de nos canons à qui ceux du Fort répondirent sur le mesme ton. Eloignans cette Isle sainte Helene nous ne la perdismes de veuë que quand la nuit la vint couvrir, & il est admirable de considerer ce rocher de cinq lieuës de tour, d'une si excessive hauteur, au milieu d'une vaste étenduë de mers qui l'attaquent sans cesse & s'élevent contre luy sans pouvoir l'engloutir : J'estime neanmoins qu'un jour, & ce séjour ne sera pas si-tost, il disparoîtra & que des Mariniers le chercheront sans le trouver, au lieu où il est maintenant. Je prie la providence de disposer les choses de façon, qu'il n'y perisse point de femmes aussi belles & aussi acortes que celles que j'y ay laissées. Sexe aimable ! qui fait son plus grand employ d'aimer.

CHAPITRE V.

Arrivée dans l'Isle de l'Ascension, sa description & continuation de route.

Nous cinglasmes Nord-Nord-Oüest jusques au 15. que hauteur prise de sept degrés quarante cinq minuttes, qui est celle du milieu de l'Isle de l'Ascension, nous voguasmes Cap Oüest en la cherchant.

Le 17. elle parut à la porte du jour & quoy que basse, fut apperceuë de loin : car le Soleil foible en sa naissance sur l'horison qu'il venoit éclaire, n'ayant point encore fait monter toutes les vapeurs dont il nous éblouït en approchant son midy, laissoit une longue carriere libre à nôtre veuë. Nous poussames à toutes voiles jusques à trois heures aprés midy pour atteindre la rade devant cette Isle où nous jettasmes les ancres du côté du Nord-Est à dix-sept brasses de fond. A peine nôtre Vaisseau fut arrêté, que plus de dix mille oiseaux gros comme des poulles, blancs & noirs, fous en fregattes comme ceux qui habitent sur l'Islot auprés de sainte Helene; vinrent se percher sur les haut bancs, sur les mats & sur les cordages, en criant comme des corneilles: les Matelots & les passagers en tuërent cinq cens en un quart-d'heure; & n'étonnerent point tant les autres qu'ils ne se tinssent toûjours autour en voltigeant; ce qui donna lieu à une chasse que les Matelots firent de dessus les bouts des vergues d'où ils leur embarassoient les aisles avec des foüets & les attiroient à eux.

Pour executer le dessein qui nous avoit amenés devant cette Isle; les Chaloupes porterent vingt hommes à terre pour travailler à la pesche des tortuës, & j'y allay & quelques autres avec moy pour en avoir le divertissement. Ces oiseaux nous furent tres-importuns, ils mordoient les bonnets & les chapeaux jusques sur nos têtes ; & il fallut battre l'air aussi soigneusement que la mer pour arriver. L'abord nous fut difficile, l'endroit propre pour approcher les Chaloüpes n'étant connu à personne de nous ; celle ou j'étois s'arrêta sur une roche d'où nous croyions qu'elle ne pourroit partir : mais la vague la releva & la poussa échoüer à la côte. Nous grimpasmes de petits rochers sur lesquels il fut receüilly grand nombre d'œufs des oiseaux qui étoient venus regaler les plus affamés de viandes fraiches ; & de grosses pierres qui paroissoient tres-materielles fondoient sous nos pieds & se découvroient feüilletées aux dépens des jambes qui étoient blessées par les brisures. J'attribuë cette grande alteration à la proximité du Soleil qui mine ces corps solides dans un lieu où ils sont rarement rafraischis : car l'Isle sans eau, sans plantages & presque sans terre incapable de produire des exhalaisōs humides, n'est moüillée que quand le caprice des vents y pousse quelque vapeurs étrangeres, que je croy encore être de beaucoup dissipées par la pointe de cette chaleur si bien imprimée par les ardeurs du jour, que son absence & la nuit ne l'en retirent pas entierement. En attendant la brune, huit oiseaux furent embrochés au travers d'une épée, & tournés devant un feu de petites pieces du debris d'un Vaisseau : quoy qu'amers, tres-maigres & demy crus, le lieu, la broche & le feu les firent passer pour bons. Nos pescheurs disposés sur deux petites ances de sable, la nuit que nous nous impatientions de voir arriver si lentement, obscurcit enfin les objets ; & une tortuë vint avec elle sur le rivage où nous les attendions l'une & l'autre, quatre Matelots se servans chacun d'un aviron la tournerent sur le dos : le plastron en fut levé & porté rôtir devant le feu pour nôtre souper.

Deux François des plus curieux étoient partis pour reconnoître l'Isle ; & sur son plus haut d'où ils n'appercevoient ny hommes, ny bêtes, ny ruisseaux, ny arbres, pour marquer l'endroit où ils étoient, avoient mis à six heures du soir, le feu à des herbes seches qu'ils trouverent, & qui se communiqua si vîte qu'il parut à neuf un vaste embrasement, s'attachant sans doute aux pierres sulphureuses & au charbon de terre : Cette lumiere rendit les tortuës timides, & fut cause que nous n'en prismes que dix : mais qui pesoient trois à quatre cens livres chacune.

Pendant le jour 18. Avril six furent

rent tuées & sallées, & quatre embarquées vivantes: tous les endroits où elles venoient pondre & couver leurs œufs, furent foüillés, leurs petits deterrés & gardés par curiosité, car cét animal prodigieux commençant à vivre, n'est guere plus gros qu'un hanneton. Les œufs furent répandus à la mercy des oiseaux: ces œufs ont la peau comme du parchemin, ils sont ronds, & ne peuvent jamais l'être parfaitement: de la grosseur & de la figure d'une balle de paume; ils ont toûjours un côté qu'il semble que le pouce ait appuyé & enfoncé; & quelque industrie que les plus adroites mains y apportent, ce manque ne peut être remply qu'en l'imprimant autre part. Les fous & les fregates en éleverent en l'air, qu'ils y retinrent de bec en bec, & particulierement les fous que je trouve bien nommés, firent des élancemens & des tours surprenans. Le feu continuant fur l'Ifle, nous n'efperafmes pas beaucoup de nôtre feconde nuit : neanmoins ne negligeans pas ce qui en pourroit reüffir, les ances furent foigneufement veillées ; & parce que nous penfions plus avantageux de garder les tortuës vives que fallées : l'ordre fut donné aux Matelots de ne les retourner que lors qu'elles reviendroient de leurs trous pour regagner la mer : car les prenant avec leurs œufs, l'experience de quelques-uns de nos Mariniers qui en avoient pefché en Amerique, nous apprenoit qu'elles en étoient bien-tôt fuffoquées ; & que les en embarquant vuides, elles vivoient un mois en les arroufant tous les jours de quelques fceaux d'eau de mer. Il n'en fut pendant cette nuit retourné que fix, deux defquelles affommées furent falées, & les quatre autres emportées vives & tirées par les palans du Vaiffeau: Ensuite dequoy l'équipage de la Chaloupe fut envoyé lever une ancre qui restoit dans l'eau; & aprés cette Chaloupe montée sur le premier tillac, nous demarasmes sans bruit & cinglasmes Cap-Nord-Oüest, laissans derriere nous l'Isle de l'Ascension de sept lieuës de tour, deserte d'hommes, de bêtes & d'arbres, & le feu devorant tout ce à quoy il étoit capable de s'attacher; il y est peut-être encore, & s'il y subsiste long-temps, les Voyageurs qui le verront, pourroient apprendre icy son origine. Si nous eussions manqué de sel, cette Isle nous en eust fourny d'aussi blanc que la neige, que le Soleil avoit cuit entre les rochers au bord de la mer.

Le 20. à midy le calme nous prit & retint quatre jours, pendant lesquels nous peschâmes des Retiens qui sont des poissons longs d'une thoise: Ils ont la gueule armée de trois rangs de dents dessus & dessous faites en triangle, perçantes & coupantes; ils sont friands de chair humaine, & si pendant que le calme dure, des hommes se hazardent à se baigner, ils sont courus par ces animaux qui ne demordent jamais qu'avec la piece qu'ils ont pincée. Il y a toûjours quelqu'un qui regarde la mer de dessus le bord, pour avertir les nageans de se retirer, ou de battre l'eau quand il en a paru quelqu'un. Ils ont au dessus de chaque œil gros comme une noisette de glaire fort blanche qui se petrifie, & est estimée souveraine contre le mal caduc.

Le 24. le vent nous reprit, mais presque contraire & nous poussant en derive forcée vers l'Amerique.

Le premier jour de May à trois cens cinquante-huit degrés de longitude, nous passames sous la ligne & y fismes baptiser trois petits Negres que nous amenions.

DE MADAGASCAR. 293

Le 4. à trois degrés de latitude Equinoctiale du côté du Nord, le calme nous arrêta. Le soir l'étoille du Nord se montra à nous pour la premiere fois de nôtre retour.

Les 5. 6. & 7. jours le calme continua ; & ces calmes sont aussi fâcheux aux François que la tempeste. Ce mesme vent si peu propre à la route que nous devions faire, nous retira encore de nôtre immobilité, puis nous quitta, nous reprit, nous requitta & reprit pendant quinze jours d'une inconstance capricieuse d'heure en heure.

Les eaux douces se corrompent & se remettent; de sorte que quand le fond de cale est ménagé par un homme qui sçait bien choisir en cette vicissitude ; on peut en boire toûjours de passablement bonnes : mais celle de pluye apportant une fraischeur & un goust qui semble n'être pas dans des tonneaux bouchés & godronnés, les Matelots

Bb iij

quand il pleuvoit, tendoient des draps pour la recevoir; & quelquefois elle tomboit aussi sallée que celle de la mer : Les exhalaisons n'ayans pas encore atteint leur purification, qu'elles étoient precipitées.

Nous peschasmes quantité de bonites & de marsoüins.

Le 23. nous eusmes le Soleil pour point vertical.

Le 24. May nous passames sous le Tropique de Cancer où les bonites nous laisserent : mais les alvacors plus grands & meilleurs poissons nous suivirent & reparerent bien nos pertes.

Le 4. jour de Juin à trente degrés de latitude Septentrionale, nous cessâmes de voir la croisade.

Le 5. à trente & un degrés de latitude, le vent favorable nous permit de dresser Cap sur les Isles des Açores, & nous remarquâmes que depuis l'Isle sainte Helene jusques à cette hauteur, nous avions derivé de quatre cens cinquante lieuës de chemin à refaire.

Les singes que nous apportions & deux cameleons moururent en ce temps. Les cameleons vivent de mouches qu'ils attirēt avec leurs langues : posés sur un objet la couleur leur en entre par les yeux, non pas tout à coup, mais comme un petit filet de vin tombant dans un verre d'eau, la rougit de plus en plus par la continuation de ce filet répandu.

La mer depuis sous le Tropique jusques à trente huit degrés, étoit couverte d'herbes, que quelques-uns estimoient poussées de la côte d'Affrique par le vent qui venoit de ce côté, & d'autres que je pense avoir mieux trouvé, croyoient qu'elles s'élevoient du fond de l'eau. Nous cinglasmes entre Flores & Corvo à babord, & les autres Isles des Açores à tribord de nôtre

Vaisseau, sans neanmoins avoir connoissance d'aucune.

Le 17. Juin nous vismes bondir l'eau & craignismes la rencontre de quelque rocher : nous fusmes heureusement trompés, remarquans les elancemens d'un Espadon qui retomboit sur une baleine & la perçoit de la pointe qu'il a sur la tête. Ce ne nous étoit pas chose tout-à-fait nouvelle, car nous avions eu le divertissement de deux combats pareils, vers l'Isle de Madagascar: Mais il est assés beau de voir le courage d'un mediocre poisson, & son opiniastreté à tuer ce monstre.

La mer est pleine de merveilles & les poissons quoy que muets, instruisent utilement. J'en ay veu de petits incessamment nageans autour d'une coque de limon blanc parfaitement belle qui tient à son pied des branches de goüemon dont ils se nourrissent; quãd quelque gros & mal-faisant favory de Neptune passe; ils se serrét auprés de ce limon qui est presque aussi mordicát & penetrát que l'eau forte, nous en avôs fait épreuve, & se sauvent par l'instinct qu'a leur tyran, qu'il ne sçauroit les détruire sans se faire perir.

Depuis quarante jusques à quarante cinq degrés, des masts rompus, des vergues & des hunes de Vaisseaux nous rapporterent qu'il s'étoit fait un épouvantable débris; & nous apprehendasmes le choc de ces pieces, dans la gorge de nôtre bâtiment pourry & facile à ouvrir. A quarante six degrés le calme nous prit & dura huit jours, pendant l'un desquels un Epervier se vint percher sur le grand mas de nôtre Navire; il fut chassé d'un coup de pistolet, & prit son vol vers la Rochelle, les ordres n'étoient pas de le suivre, & nôtre abord devoit être au Havre-de-Grace. Nous cherchasmes à enfiler la manche qui separe la Bretagne & la Normandie, de l'Angleterre.

Les Baleines nous trouverent à si peu de distance & d'une si enorme grosseur, & prodigieuse longueur, que nous n'estimasmes pas le moindre de nos risques, d'être au hazard d'en être choqués.

Aprés avoir été balotés pendant douze jours de quarante-sept jusques à cinquante & un degré, & le Capitaine soûtenu les criries de tous les Matelots qui d'une creance superstitieuse qui est entr'eux, disoient que le cœur du President leur portoit malheur, & que jamais il n'avoit été fait un bon voyage, avec de telles reliques ; nous entrasmes enfin dans la manche par quarante-neuf degrés, entre l'Isle de Sorlingue & l'Isle d'Oüessant.

Le 8. Juillet terre d'Angleterre veuë à côté de nous, fut estimée le Cap Lezard, à midy plus avant & devant nous, de Goutstard, & le 9. au matin de Porlan, croyans avoir doublé casquets pendant la nuit: la voyant encore, terre de France parut aux estimes de nos Mariniers, & fut reconnuë pour la Heve prés le Havre-de-Grace, par le principal Pilote qui en étoit natif, & par un Matelot qui y avoit passé presque toute sa vie.

Chapitre VI.

Combat contre les Anglois & enfoncement de nôtre Vaisseau.

La joye d'un si favorable retour, ne peut être bien exprimée, tous les gens embarqués à Madagascar vivans, les marchandises de nôtre Vaisseau en bon état, le Navire ajusté de banderolles neufves, & la poupe & les Galeries peintes de nouveau, dix habits neufs d'étoffe des Indes pour vêtir dix Matelots qui rameroient la

Chaloupe qui nous devoit porter à terre, & tous le cœur & les yeux sur cette terre si fort & si long-temps souhaitée: trois bâtimens se montrerent à tribord de nous, & l'un d'eux se détacha pour nous reconnoître. Nous voguasmes pesamment dans nôtre Vaisseau lourd & salle d'un Voyage de Madagascar; & n'ayans pas d'apprehension des approches de celuy qui donnoit sur nous, & que nous voyions de beaucoup moins grand que le nôtre qui avoit la mine d'un Navire de guerre: nous arborasmes grand pavillon blanc, avant que l'autre eust rien montré, qui se rangeant sur le vent de nous, à la portée du pistolet, le pavillon Anglois fut levé & un Officier de dessus la dunette, demanda en sa langue d'où est le Navire? Il fut répondu de France. De quel païs de France? De saint Malo. D'où vient-il? De Madagascar. Cent voix crierét

DE MADAGASCAR. 301
amene pour le Roy d'Angleterre, & incontinent un boulet de canon sifla dans nos voiles. On commença de dérouiller les armes, car le Capitaine, bien que plusieurs fois pressé de faire les quartiers en cas de necessité de combat, l'avoit negligé sur l'asseurance où il croyoit étre d'une paix profonde, la route que nous tenions n'étant presque pas connuë des Corsaires, il fit dans cette surprise, tout ce qui étoit possible à un homme demy malade. Les Matelots par les ordres du Lieutenant, mirent en peu de temps le canon d'entre les ponts, dehors par les sabords; & le Capitaine sur le tillac, commandoit le gouvernail & la mousqueterie. Nos ennemis n'avoient pas attendu à nous battre, que nous fussions preparés à nous deffendre; de soixante & treize hommes, nous en avions dix hors de combat avant d'avoir tiré un coup; & le premier blessé nom-

mé Petit de la Lande de saint Malo maniere de Volontaire, merite qu'on se souvienne de luy. Ayant une jambe & un bras rompus & trois grands clous dans l'épaule ; il ne regrettoit que sa jambe qui ne le pouvoit plus soûtenir, pour achever de vivre combattant les armes à la main qui luy restoit. Enfin nous fismes feu, & si nôtre canon ne donnoit qu'un coup pour trois de celuy des ennemis, nôtre mousqueterie leur deffendit d'abord de paroître découverts sur le tillac. Le Lieutenant jeune homme qui soûpiroit aprés les occasions de montrer son courage & son addresse, fit en son departement, tout ce qu'on eust pû attendre d'un brave & experimenté Soldat, commandant & Matelot ; & se portant où il remarquoit de la foiblesse & de la lenteur ; il pointoit presque tous les canons, & y mettoit le feu. Un boulet ennemy passé par un de nos

DE MADAGASCAR. 303

sabords, le prit sous le bras qu'il avoit levé, soufflant la mesche dont il vouloit allumer une amorce, & éteignit sa vie & sa valeur. Le Capitaine Anglois aprés nous avoir tastés à tribord, à basbord, en poupe & en prouë de nôtre bâtiment; nous approcha à la longueur d'une pique, à tribord. Les cris de cent hommes & leurs postures, montés sur les hauts bancs, un pied levé pour le mettre hors de chés eux, le sabre ou la hache d'arme d'une main, & le pistolet de l'autre, nous avertirent que leur dessein étoit d'aborder. Nous fismes le meilleur visage qu'il se put, & poussans nos voix, leur témoignasmes que nous allions à eux, comme ils venoient à nous; cette resolution les fit éloigner. Aprés le coup de pistolet de part & d'autre, leur Vaisseau cingla demy quart de lieuë derriere nous, où nous crusmes que les Officiers deliberoient, s'ils devoient quitter la partie. Il retourna Cap sur nous, & nous donna une volée de douze coups de canon à basbord, fit mine de vouloir accrocher à la prouë, & les Anglois de sauter sur nôtre gaillard ; il redoubla sur tribord qui étoit déja beaucoup blessé ; & à balle portée nous canonna de trente deux pieces d'artillerie, à qui nous répondismes de neuf que nous avions de ce côté, visans à demonter le gouvernail. La terre qui étoit si proche de nous, donnoit courage de manouvrer prestement les voiles, esperans de nous sauver sous les Forts ; ou que le bruit & le feu nous ameneroient du secours : mais le Pilote qui paroissoit auparavant si asseuré du Havre-de-Grace, cria qu'il s'étoit trompé, & que la terre que nous voyions, étoit celle de l'Isle de Grenezay. Cette erreur fit tomber les cordages des mains, & les canonnades qui brisoient sans cesse les mats,

mats, les vergues & la coque de nôtre vieil Vaisseau percée à l'eau que les pompes ne pouvoient épuiser; & les dunettes prestes à tomber sur la Cale, inviterent quelques-vns à souhaiter de se rendre. Ils n'en furent pas crus, nous combatismes encore une heure, & jusques à ce que l'Ecrivain sorty de la soute aux poudres, d'où il donnoit les gargousses aux canonniers, rapportant qu'il y avoit grande eau; & un Chirurgien que son coffre & les medicamens étoient renversés, & que l'entre-ponts étoit couvert de morts, & de blessés qu'il ne pouvoit soulager: les Matelots & presque tous les passagers qui restoient sur pied, presserent le Capitaine de demander quartier, qui témoignant étre resolu à se brûler plutost qu'à laisser son bord: je fus prié par les uns & les autres de les commander, sur ce qu'ils avoient à faire. Je sçavois que nous prenions eau par

C c

quatre ouvertures, je voyois quarante hommes tués ou blessés, nos canons demontés, & un autre Vaisseau ennemy qui cingloit sur nous: Je dis au Capitaine qu'il étoit tẽps de parler, & trente voix crierent quartier sans que nôtre pavillon fust abaissé : les Anglois répondans, nous crûmes entendre nô quarter, qui veut dire en langue Angloise, point de quartier. Cette idée fut mortelle à de grands courages, & rappellant de combien & de quelles adversités, ma vie qui n'étoit pas encore complette de vingt-quatre ans, avoit été traversée : je trouvay en ce moment du charme à mourir. Il étoit autrement ordonné, les voix éclaterent davantage & demanderent vigoureusement quartier. Le Capitaine qui auparavant se vouloit brûler, supplioit ardemment qu'on le sauvast, & nous entendismes enfin bon quartier avec commandement d'humilier le pavillon François, & de mettre les huniers de nôtre Vaisseau sur les vergues. Le Maître des Matelots courut au pavillon où plusieurs faisoient difficulté d'aller, à cause de la mousqueterie Angloise qui joüoit encore; & les deux bâtimens se joignans, toutes nos armes sur le tillac, & nos vies à la mercy de nos ennemis: le Capitaine Anglois le sabre à la main, monta sur les hauts-bancs de son Navire d'où atteignant les cordages de celuy qui devenoit sa prise, il coupa les manœuvres des voiles, & quantité de ses gens passans chés nous, pillerent sans frapper ny faire autre injure que de dépoüiller. La rigueur fut plus exacte sur moy que sur les moindres, car ceux à qui j'écheus, m'osterent jusques à ma chemise qu'ils trouverent trop bonne pour ne la pas prendre. Un Matelot m'ayant enlevé un bonnet assés beau qui couvroit ma tête sans perruque, me le rendit pour reconnoissance de six petites pierres que je luy montré y avoir cachées. Quinze ou vingt François, dés l'abord, étoient entrés dans le Vaisseau Anglois, qui me voyans encore retenu par ces Corsaires qui ne me pouvoient quitter, éblouïs de ce qu'ils avoient eu de moy, & m'examinans regulierement de pied en cap, dirent au Capitaine à peu prés qui j'étois, qui aussi-tost me presentant la main pour passer de son côté, menaça du pistolet ceux qui avoient mes habits, & les contraignit de les rendre. Revêtu de tout le reste, un Matelot me tendoit mon juste au corps où sans doute étoit le fond d'une bonne fortune, quand il me fut enlevé : mais avancé pour le receüillir, les deux bastimens se separerent, & je fus conduit avec le Capitaine François, dans la chambre du Capitaine Anglois, où il nous vint incontinent

témoigner que la resistance qu'il
avoit trouvée en un Vaisseau qui
devoit être si fatigué, luy donnoit
envie de nous servir: Il retourna
donner ordre que les autres François fussent descendus à fond de
cale, & bien veillés, & fit aprés
porter en la sainte Barbe, sept corps
d'Anglois morts qui étoient sur le
tillac lors que nous entrâmes, dont
quatre étoient blessés de balles de
mousquet au milieu du front. Pendant l'execution de ces commandemens, les Anglois & les François
qui étoient demeurés dans la Vierge-de-bon-Port, les uns pour y
piller les autres, crioient dans une
apprehension commune d'être abissmés dans le Navire qu'ils sentoient
s'emplir sur eux: à la fenestre de la
chambre de poupe, je consideré le
dernier acte de la tragedie; aprés
des élancemens de voix terribles &
pitoyables, le Vaisseau François
chargé de six vingts hommes alors,

de pierreries, de benjoin, d'or, d'ambregris, de cuirs, de poivre, de tabac & d'eau ras bord, disparut du reste en un clin-d'œil. Vingt hommes attendans sur le gaillard, à nager que le bâtiment ne les soûtint plus, furent accablés de la voile de misene, les autres se mirent à la nage & s'efforçans de gagner les Vaisseaux Anglois, (celuy que nous avions veus venir étoit arrivé au naufrage) & les Chaloupes qui avoient été envoyées à leur secours; plusieurs perirent auprés du Port; & s'il est quelque chose de lamentable, remarquons que c'est ce spectacle de tant de personnes qui perdent la force & la voix, en avançant la main pour atteindre leur salut. Le Capitaine Anglois qui nous prit n'obmit aucun soin pour relever ces mal-heureux du peril, il tira des coups de pistolet sur les gens des Chaloupes qui n'alloient pas asses hardiment à ceux qui n'a-

DE MADAGASCAR. 311

geoient, & tua pour sauver la vie. Il avoit auparavant agité s'il devoit approcher son Navire de celuy qui abismoit: mais le risque d'être accroché & entraîné par des desesperés, le fit conclure à ne hazarder pas à un danger si evident, ce que son Roy avoit commis à sa bonne conduite.

Nous cinglasmes pendant la nuit, & au matin du 10. jour de Juillet les ancres furent jettées en rade sous le Château de Grenezay : Il est étably sur un rocher environné de la mer, & commande la Ville qui est au rivage de l'Isle dont les maisons les plus paroissantes sont bâties sur pilotis. Le Capitaine du Vaisseau Anglois qui avoit trouvé cap sur nous, appellé par un signal de celuy qui nous avoit attaqué & qui doutoit du succés du combat s'il n'étoit aidé, amena au Capitaine de Roy (ce dernier n'étoit que particulier) les Anglois & les François qui avoient été sauvés par ses gens, & un petit Negre nommé Menenne seul restant de trois que nous avions.

Quelques Matelots Anglois ayans veu penser de leurs compagnons, & tirer des balles morduës; ce qu'ils estimoient veneneux, voulurent exciter le Capitaine à les vanger : mais assés satisfait d'avoir vaincu, & causé un prejudice notable à la France par l'enfoncement de ce Navire dont je luy fis valoir la charge un million d'or : il se contenta de nous faire connoître qu'il avoit sujet d'être irrité : mais qu'il plaignoit nos mal-heurs, & qu'une si grande perte meritoit bien une animosité extraordinaire. J'étois l'objet qui leur sembloit le plus digne de pitié, étant cru d'abord celuy à qui appartenoit le Vaisseau ; les principaux de mes ennemis me voyans un visage peu troublé d'un revers si étrange, penserent que ma tranquilité

DE MADAGASCAR. 313
quilité n'étoit qu'un desespoir enseveli.

Il resta quarante & un François vivans, entre lesquels neuf blessés furent choisis & remis en maison Bourgeoise en la Ville de Grenezay, le Capitaine Anglois dit à quatre de nos Matelots qui parloient bien sa langue, qu'il les retenoit pour servir dans son bord, & qu'ils s'accoûtumassent à y vivre & à y travailler ; & la reveuë de ses gens étant faite, desquels il trouva quarante de manque, il fit visiter les Barques & les petits Vaisseaux qui étoient en rade, & remplaça des Matelots qu'il y prit.

De quinze jeunes hommes de Grenezay, que la curiosité avoit amenés nous voir, il n'en rendit qu'un que son Accordée vint demander.

Le 17. Juillet suivant le Calandrier Gregorien, & au compte Anglois & vieil stile le 7. le Capitai-

D d

ne Goodman qui nous avoit pris, fit lever les ancres & mettre à la voile, son Vaisseau nommé l'Orange servant de conserve à quarante Barques, dont les Maîtres n'ozoient tenir la mer que sous la protection de quelque Navire de guerre.

CHAPITRE VII.

Ma prison sur l'Isle de Wight.

LE 18. Juillet à midy nous mouillâmes devant l'Isle de Wight sous le Château de Cowes qui commande la rade & deux petites Villes separées d'un bras d'eau, l'une scituée à l'Orient & l'autre à l'Occident, & appellées Est Cowes & West Cowes. Le Capitaine Anglois nous fut preparer des logemens; & ayant eu réponce du Gouverneur qui demeure ordinairement deux lieuës avant sur l'Isle dans le Château de Caresbrooke qui sert de Citadelle à une jolie Ville nommée Newport, & permission de nous remettre à terre ; Le 19. nous fusmes descendus, le Capitaine François & moy retenus en une hostellerie, & les autres au nombre de vingt-six enfermés dans les prisons du Château d'west Cowes: Le soir de ce mesme jour un Gentilhomme suivy d'un Cavalier, envoyé de Mylord Colpeper Gouverneur de l'Isle de Wight, arriva où nous étions, & m'invitant à l'accompagner, me mena où étoient les vingt-six François, à l'un desquels il donna pour tous en ma presence, dequoy subsister pendant une semaine à raison de cinq sols par jour chacun, & commanda au Sergent de Garde d'en laisser sortir deux avec escorte pour faire la provision. Nous rentrâmes en l'hostellerie où ce Gentil homme nous

D d ij

fit bien traitter ; & son humeur libre & Françoise, il avoit servy en France Capitaine sous Mylord d'Eigby, ne nous entretint de rien qui approchast de la tristesse.

Le 20. au matin, il nous fit trouver des chevaux à la porte ; & nous ayant fait monter, il nous dit que nous allions ensemble chés Mylord Gouverneur qui souhaittoit nous avoir auprés de luy. Quand je me sentis porté d'un bon cheval qui m'est une assiette assés naturelle ; & respirer l'air d'une belle & verte campagne : je songeay à ma liberté que j'allois enfermer, & goûtant combien le train que je menois étoit agreable, & la contrainte où je m'imaginois aller, rude, je soûpiray d'étre environné de mers si proches, & eusse bien voulu fournir une carriere qui m'eust fait perdre de veuë le Gentil-homme Anglois, son Cavalier & le Capitaine François, s'il eust refusé d'étre de la partie. L'impossibilité d'échapper me retint auprés de ce Gentilhomme qui dans sa gayeté tâtoit adroitement si j'étois riche en France, & quelle trempe d'homme j'étois. Las de mauvaise chere & de fatigue, je resolus de l'éviter de tout mon possible, & de ne ruïner point l'esperance qu'il y eust quelque chose à gagner en me conservant. Nous poussames l'examen si avant, qu'il ne s'étudia pas moins à me faire paroître qu'il étoit habile, & informé des plus belles manieres de vivre des plus galantes Cours; que je tasché de luy montrer que je ne meritois pas mes mal-heurs, & à luy témoigner que j'avois pretendu à la gloire, sentiment dont un homme se doit éclairer de temps en temps ; mais ne s'en éblouïr pas de telle sorte, qu'il puisse passer pour ne sçavoir pas le juste poids des autres choses. Enfin il prit assés bonne opinion de moy, pour souhaitter que je l'estimasse, & le découvrir par un beau côté. Aprés avoir traversé la Ville de Newport, nous arrivâmes devant la porte du Château de Caresbrooke, où le Commandant du Corps-de-Garde nous fit faire alte; & le Gentilhomme étant passé & revenu, nous entrâmes & fusmes introduits devant Madame la Gouvernante, (Mylord étoit sorty pour chasser) elle nous dit en peu de paroles de nôtre langue, que nous avions ce bon-heur dans nos infortunes d'étre tombés en bonne main, qu'il ne nous manqueroit rien de ce qui nous seroit necessaire, & commanda à son Cuisinier qui étoit François, de nous bien traitter. A six heures du soir Mylord Colpeper étant de retour de la chasse, nous luy fusmes presentés par le Gentilhomme qui nous avoit amenés.

Le 21. Juillet le Capitaine & moy nous entretenans dans la place, &

nous élevans à deviner le succés qu'auroit enfin nôtre voyage: Mylord Gouverneur m'appella dans une grande salle tapissée & meublée de velours violet, il me demanda d'où j'étois, je luy dis que j'étois François né à Tours en Touraine; Il s'informa d'où je venois, de Madagascar. Pourquoy j'y étois allé; Je luy répondis qu'en l'état où il me voyoit, je n'avois pas la mine de valoir grand' chose, mais que j'y étois Secretaire d'Etat: Il me dit qu'il sçavoit bien que je sortois de mains qui n'avoient pas deû me laisser toutes mes commodités, qu'il étoit bien aise d'obliger quand il rencontroit des gens qui le meritoient, & que je souhaitasse ce qui m'étoit besoin: J'en usay comme ce genereux Seigneur le vouloit, qui me promit douze pistoles sur mon billet, & me les donna deux jours aprés. Il me questionna sur l'interest qui m'avoit conduit en ce grand Voyage, & si je n'avois pas fait asseurer ma fortune en France pour cette expedition : Je luy dis que la passion de connoître le monde, & la gloire de servir mon païs, m'avoient fait partir, & que je croyois n'avoir pas perdu mon temps. Il me fit passer dans une autre chambre, où s'appliquant sur la carte generale, il me pria de luy montrer ma route en allant & en revenant, & ce que j'avois remarqué, sur quoy je le satisfis de ce que je jugeay ne pouvoir nuire aux desseins de la France & aux miens.

J'employay le peu d'argent que Mylord m'avoit prêté, de telle sorte que je fis beaucoup valoir ce que je n'estimois guere ; & c'est sans doute un avantage qui vaut un grand fond, que d'en sçavoir menager un petit sans avarice.

Le 27. Juillet le Capitaine François qui avoit eu du secours d'vn Marchand Anglois qui le connoissoit, & trafiquoit à saint Malo avant la guerre, étant extrémement malade, obtint de Mylord Gouverneur, la permission de se faire conduire à West Cowes chés ce Marchand qui s'engageoit de le representer lors qu'il luy seroit ordonné; cinq jours aprés il y mourut & fut porté en terre par quatre de ses Matelots. Il y eut de la difficulté à obtenir un lieu pour faire une fosse, & Mylord en paya l'agrément des Bourgeois de quelques chelins. Aprés avoir souffert les accés de la colique & de la fiévre pendant quatre mois, il en étoit quitte lors qu'il fut fait prisonnier, il les reprit dans un bassin de framboises qui nous furent servies pour dessert, la chaleur de son estomach ne pouvant cuire la froideur de ce fruit, la colique l'occupa violemment, la fiévre accourut au desordre & le Capitaine en frenaisie, succomba malgré les remedes qui n'y furent point épargnés.

L'ordre étoit arrivé de Londres de nous y envoyer luy & moy, faveur qui avoit été obtenuë par celle de Mylord Cotterel Commissaire general de l'Armée navale d'Angleterre, qui avoit eu pareil employ en celle de France, & connoissoit ce Capitaine qui luy avoit écrit. Mylord Colpeper fit sçavoir cette mort ; & Mylord Harlingthon Secretaire d'Etat luy manda de me retenir & de faire conduire à Winchester les François qu'il entretenoit au Château de Cowe. Il me fit appeller, & m'ayant témoigné du regret de l'infortune des mal-heureux qui devoient être menés où la peste étoit encore, comme en toutes les prisons d'Angleterre ; me demanda si quelqu'un d'eux le pouvoit servir de Cuisinier. Je luy proposé mon valet-de-chambre qui ne l'entendoit pas assés : mais dont j'avois sujet de re-

DE MADAGASCAR. 323
gretter la perte. Il jugea que mon affection me l'avoit fait nommer & ne répondit pas precisément. Madame la Gouvernante entra qui dit avoir besoin d'un Postillon ; je fis état du mesme personnage, si bien que voyans que ce me seroit un plaisir insigne, ils me dirent qu'ils le mettroient auprés de moy. Il fut élargy & les vingt-cinq restans conduits prisonniers, où il y en avoit trois cens autres tant François que Hollandois.

Mylord pour me laisser la liberté entiere dans son Château, prit ma parole que je ne m'échaperois point, & me permit de me promener à Newport & sur l'Isle de Wight avec un Garde. Alors je fus flatté de ce que la vie a de plus doux & de plus touchant, j'apprenois une langue qui m'étoit étrangere, dans la maison d'un grand Seigneur, par les belles bouches de Mesdemoiselles ses sœurs, & par celles de trente Officiers qui n'exprimoient rien qui peuſt faſcher un Gentil-homme qu'on vouloit bien traitter.

Je faiſois grãde chere & n'étois pas ſans amour. J'en fis cette declaration à une Angloiſe qui parloit auſſi bien François que moy.

    J'ay de mille coups de tonnerre,
Sur mer veu briſer mon Vaiſſeau,
Et les foudres de l'Angleterre
L'abiſmer dans le fond de l'eau.

Je l'ay veu preſque mon tombeau,
Et laiſſant pour jamais la terre,
Je trouvois mon ſort aſſés beau
D'étre victime de la guerre.

Mais amour le veut autrement,
Il luy plaiſt que je vive amant,
Enfin j'échape à mon naufrage,

Et mis priſonnier en ces lieux
La force du Château fait mon
    eſclavage
Que la douceur de vos beaux yeux.

Je lisois dans des Livres Latins & François que le frere de Mylord me permettoit d'emprunter de sa Bibliotheque, & révois sans être interrompu, plaisir que je n'ay pû goûter sur mer que par la douleur de sa privation, détourné de l'agitation du Navire, & du bruit perpetuel qu'y clabaudoient les Matelots. Je croy aussi que je m'illustrois dans ce Château de Caresbrooke que le feu Roy Charles premier a eu un an durant pour prison.

I'y ay veu deux fameux rebelles expier leur revolte, l'un homme encore d'importance pour ne s'abattre ny changer aucunement sous le grand revers qui le retenoit depuis six ans prisonnier, est cousin germain & son fils heritier presomptif du Duc de Bouquinquant. Il avoit quinze mille Jacobus de rente quand il fut arrêté, dont il luy reste encore le tiers qui n'a pû être ôté à sa famille, lors qu'il fut appellé devant le Parlement qui mit Charles second au Trône, entre les interrogations qui luy furent faites, il se departit du titre de Noble & dit qu'il n'en connoissoit point, qu'il étoit Anglois & populaire. Aprés trois jours, pendant lesquels il fut douteux entre la mort & la prison perpetuelle, il requit Declaration de sa roture, qui fut donnée par le Roy & la chambre des Lords. Les maximes de ce Bourgeois sont surprenantes, ils tient pour asseuré que la Republique renaîtra, & je croy mesme qu'il ne seroit pas fasché que toute la terre sçeust qu'il aime à se conserver cette esperance & cette passion. Vne tour qui est au milieu de la place étoit sa prison qu'il avoit aux dépens de mille Jacobus renduë supportable, & où étoit avec luy une de ses filles âgée de quinze ans, de geste, de mine & d'entretien, aimable, insinuant &

heroïque, compagnie en verité capable de rendre la closture douce : l'un & l'autre étoient servis par six valets.

Le second rebelle étoit un homme qui pris de fort bas lieu, avoit été nommé par la Republique, son Lieutenant au gouvernement de l'Isle de Wight, & avoit gardé le feu Roy dans ce Château de Caresbrooxe, la fortune l'avoit elevé & le rabaissant elle luy fit encore perdre courage. Il s'étoit soûmis à être l'Arpenteur des terres de Mylord ; vacation qui allongeoit ses chaisnes : mais qui le rendoit méprisable jusques à le faire manger avec les valets.

Je sçeus les particularités de cét horrible attentat ; & ces épeavantables circonstances, avec lesquelles des sujets ont osé contraindre les jours de leur Roy & ensuitte abattre sa tête ; & j'admiray sur les lieux la pietié & la patience d'un grand

Monarque dans les fers; reflexion qui eust pû rendre les miens legers, si Mylord Gouverneur les eust voulu faire pezans.

Le Château de Caresbrooke est scitué sur une montagne, & outre la force naturelle de son assiette, il est deffendu d'un double fossé, de bons ramparts & de soixante pieces de canon. La garnison sur l'Isle étoit de quatre Compagnies d'Infanterie, de cent hommes chacune, & d'une Compagnie de soixāte & dix Cavaliers dont le Chevalier Jonnes Lieutenant de Roy, étoit Capitaine. Outre ces gens de guerre qui recevoient solde; les habitans étoient incessamment sous les armes & avoient un chef en chaque Village qui les exerçoit; ils devoient prendre alarme d'un feu que des Gagistes avoient ordre d'allumer sur une montagne, quand nombre de Vaisseaux se montreroient, & se tenir prests à marcher du côté où ils

DE MADAGASCAR.

où ils seroient avertis d'aller pour s'opposer à la descente de leurs Ennemis : dans une haine mortelle contre les François qu'ils disoient leur causer tout ce trouble, pour s'être mêlés de leur differend avec la Hollande.

Ma fortune étoit assés extraordinaire pour être sceuë dans toute cette petite Isle, & le bruit répandu que j'arrivois d'un Voyage de long cours, m'étoit une maniere de sauve-garde contre leur ressentiment. Ils me contoient souvent comme à un homme qui ne le sçavoit pas, & à un desinteressé, de quelle sorte la guerre avoit été declarée, & la sortie de France de tous les Anglois qui y étoient habitués. Je me soûtenois par des biais que je ne puis enseigner par regles, c'est un jeu des dons de la nature & des verités reconnuës par l'activité & la bonne disposition de l'esprit, ou par l'experience. Je passois ainsi ma vie, & cette adresse pour me maintenir, m'étoit une occupation plus plaisante que difficile; lors que je me vis restraint à des precautions exactes pour la seureté de ma personne. L'origine du feu qui brûla Londres au mois de Septembre, fut imputée aux François & aux Hollandois; & la fureur des habitans Anglois de cette grande Ville au massacre des étrangers habitués, se communiqua & vint jusques sur l'Isle de Wight, où Mylord Colpeper qui étoit en Cour, lors que cét embrasement arriva, écrivit à Scoüer John Colpeper son frere qui commandoit la garde du Château, de ne point permettre que je sortisse de la place, que les esprits ne fussent detrompés, ou la vengeance satisfaite. On rapportoit d'étranges peintures de cét incendie, & toute ma Nation étoit noircie de ce funeste accident; Les Anglois rappellans nos anciens sujets de haine, s'excitoient à fonder leur rage contre nous, sur celle qu'ils imaginoient que nous devions avoir contr'eux, & pour être criminel sans excuse, il me suffisoit d'être François. Je laissay brûler le feu à Londres & éclater ce couroux, sans souhaitter de m'approcher de l'un ny de l'autre : ma prison étoit devenuë mon azile; & les Dames du Château genereuses à mesure de mes mal-heurs qu'elles estimoient infinis, ne pensant que me consoler, me donnoient de veritables joyes, car à mon avis il n'est point au monde de mouvement plus obligeant que la sincere pitié d'une belle femme pour un homme. Le jugement des plus sensés, guerit enfin le peuple Anglois de sa frenaisie, & fit tréve aux inquietudes de dix mille François qui se voyoient auparavant en danger de payer de leurs vies, les ruines qu'ils n'avoient pas caufées. ; ma prifon s'agrandit & je fus remis en un état qui approchoit beaucoup de la pleine liberté.

Le foin que j'avois pris de faire fçavoir à Paris le lieu de ma detention fous la puiffance Angloife, me produifit en ce temps-là, les moyés de rendre à Mylord ce qu'il m'avoit prefté à mon arrivée dans fon Château, & je tâchay de porter les inclinations des Anglois que j'y voyois le plus affidüement, à me conferver, fi les François s'emparoient de l'Ifle ; ce qu'arrivant, & ce qu'ils ont toûjours apprehendé depuis le mois de Novembre de l'année 1666. jufques à la conclufion de la paix : Il couroit un bruit qu'on fe deferoit des prifonniers, accident fafcheux à fubir & dont je ne voulois pas éviter le rifque en m'abfentant, car ma parole engagée m'étoit une chaifne, & fi hazardant de fuir j'avois été repris, j'eufse passé pour un homme sans honneur, & traitté de cette maniere, j'aurois été envoyé dans une prison commune, à la mercy de la faim, de la peste & d'un Caporal; ou retenu dans le donjon du Château. Il me fut proposé des facilités & des intelligences pour esquiver, dont je ne trouvay pas à propos de me servir.

J'ay essuyé trois fois les frayeurs d'alarmes que les armées ennemies du Royaume d'Angleterre avoient rangé la côte de l'Isle, & que la milice étoit portée à terre, qui furent fausses; & la Flotte Angloise prise pour celles de France, de Dannemarc & de Hollande. Mon valet m'en donna une quatriéme; il me dit un matin qu'il y avoit un bataillon descendu & formé sur le rivage, pour soûtenir les Anglois & faciliter l'abord de plus grand nombre des nôtres, & que le Sergent de Garde avoit veu de dessus la tour, qu'on amenoit de petites pieces de canon. Tout cela se termina à une flûte Ostendoise que le vent fit échoüer, & à douze Matelots qui en sortirent pour se sauver, & furent receus par trois mille hommes qui étoient allé attendre le debordement des trois armées de France, de Dannemarc & de Hollande.

Chapitre VIII.

Mon échange, mon sejour à Londres & mon abord à Calais.

Le sejour sur l'Isle de Wight me devint ennuyeux par la longueur du temps, & ces frequentes apprehensions qui n'étoient point supprimées par les pourparlers de paix : & bien que le reste de ce que je voyois & entendois, ne fust ny injurieux pour moy, ny changé de ce qu'il étoit pendant le premier mois de ma prison: je souhaitay ardemment d'être libre. J'en écrivis à Paris en termes pressans, & ajusté toutes mes paroles & mes mouvemens à faire croire à Mylord Colpeper, qu'en vain il s'attendoit à la rançon qu'il avoit pretenduë de moy, (qui fut le secret & l'ame de ma conservation) & le persuadant qu'il ne devoit rien esperer qu'un échange de prisonniers, il en relascha l'accord aux Commissaires à Londres, qui n'avoient pas voulu de leur authorité, entreprendre de me tirer de ses mains.

Le 4. jour du mois d'Avril de l'année 1667. un Envoyé du correspondant à Londres, de la Compagnie des Indes Orientales de France, m'apporta mes passe-ports; & je fus quitte de la bonne chere que Mylord m'avoit fait faire, pour un remerciment qu'il en souhaitta par écrit, & un témoignage comme il n'avoit eu aucun argent de moy. Le mesme jour ayant passé un bras de mer qui sepate l'Isle de Wight de l'Angleterre, & monté la Riviere de Soushampton, j'arrivay & couchay en la Ville du mesme nom.

Le 5. mon chemin m'ayant conduit devant les prisons de Winchester, à dix heures du matin je descendis de cheval & visitay deux cens prisonniers tous François, les Hollandois en ayans été élargis, je n'y trouvay point de ceux qui avoient été pris avec moy, il y en étoit mort douze de la peste & de la faim, & treize autres avoient été échangés dés le mois de Janvier, & envoyés en France.

Le soir du 6. j'entray à Londres, le Faux-bourg de cette Ville s'ouvre à gauche par une magnifique maison que le grand Chancelier Heide a fait bâtir depuis peu, & ses ennemis disent malicieusement que c'est de l'argent qu'il a eu pour

le

le marché de Dunkerke, & l'appellent le petit Dunquerque ; à droit & un peu plus avant, par le Palais saint Jemes demeure ordinaire de son Altesse Royale le Duc d'Yorc. Le Parc de ce Palais est tres-bien entretenu & la plus belle promenade de Londres. Wimnester, & Wihtall ou le Louvre sont à droit & peu écartés. Le Palais de Sommerset qui est celuy de la Reine Mere & les Hôtels de tous les Ambassadeurs sont dans une grande ruë qui finit à la Porte de saint Brides où commence la Cité qui ne consiste aujourd'huy qu'en trente maisons de chaque côté de cette porte, le reste jusques à la place des Morphiles, qui sont environ deux milles de long, est brûlé ; & depuis le bord de la Tamise, jusques à la Porte de saint Michel qui est un mille de large, il ne paroist aucune maison entiere, que de petites retraites où des vendeurs de bierre se tiennent, pour le soulagement des gens de peine qui cheminent d'un Faux-bourg à l'autre. Les tours de quatre-vingts dix Paroisses sont encore debout ; & la grande Eglise nommée Church Paul, n'a rien perdu de sa forme apparente par dehors, que la couverture & les vitres : mais les pierres sont jugées alterées du grand feu : Le haut du Portail de cette Eglise est soûtenu de quatre piliers fort élevés & montre cette inscription : *Carolus primus Dei gratia, Magnæ Britanniæ, Franciæ & Hyberniæ Rex, fidei deffensor hoc templum vetustate consumptum restituit & porticum fecit* : Je sejournay pendant sept semaines en cette grande Ville pour la voir dans ce qu'elle étoit, & dans ce qu'elle avoit été. J'y ay entendu quelques souhaits pour le rétablissement de la Republique, aussi bien que des soûpirs pour la reparation de ces ruines nouvelles: mais le party le plus fort est passionné pour le service de la Majesté, & les Seigneurs la soûtiennent par un interest touchant. Les deux Chambres sont composées de gens devoüés au Roy Charles second qui se maintient au thrône en grand Politique, & gouverne habilement un peuple de son naturel remuant & audacieux. Ayant fait renouveller mes passeports dont le terme étoit expiré, je partis le 25. jour de May, & descendis sur la Tamise, jusques à Gravesind à vingt milles de Londres, je voguay entre trois mille Navires à l'ancre, & vis le Château Royal nommé Greniche scitué sur le bord de la Riviere.

Le 26. au matin je pris la Poste, changeay de chevaux en la Ville de Rochester devant laquelle étoient quarante Vaisseaux de l'armée Angloise, j'en pris d'autres à Sitinborne & à Cantorbery, me portant en

Ff ij

diligence à Douvre où je regarday long-temps de dessus un balcon, le bras de mer qui me restoit à traverser, pour atteindre la terre de mon païs que je voyois indistinctement.

Le soir du 28. ayant laissé un de mes passe-ports, & pris ordre pour le Maître de la Barque qui passe les Lettres de me recevoir : Il leva l'ancre à onze heures, & nous arrivâmes le lendemain à sept heures du matin à Calais où les glorieux exploits de la campagne de Flandres, se devinoient dans les mines fieres & vaillantes des guerriers qui les alloient executer sous la conduite du plus grand des Rois.

FIN.

www.ingramcontent.com/pod-product-compliance
Lightning Source LLC
Chambersburg PA
CBHW060453170426
43199CB00011B/1194